Pastoral a caminho nos leva a enxergar no Êxodo uma prévia da Grande Comissão de Jesus registrada escancarado: a libertação de Israel das trevas do Egito foi para que ele fosse um povo de sacerdotes, vivendo um estilo de vida missional, para alcançar todas as nações até o último da terra. A leitura nos prende porque vai desvendando esse mistério aos poucos, e o leitor quer saber logo o fim da história. Mas, embora o dr. Jorge Barro tenha feito uma genuína teologia bíblica, na qual texto e contexto histórico se entrelaçam, em cada página o leitor é inserido na história como se fosse parte do enredo. É sempre convidado a dar uma resposta à pastoral de Deus. Dizem que pastores gritam quando o argumento é fraco. *Pastoral a caminho* é dinamite pura no silêncio da leitura.

> **Edilson Botelho Nogueira**, PhD, doutor em missiologia pela North-West University, pastor da Igreja Presbiteriana Independente do Brasil, músico e compositor

Pastoral a caminho é daquelas poucas obras que merecem endosso e promoção por sua elástica capacidade de aplicação não só ao contexto latino-americano, mas também às demais realidades. Trata-se de um livro de cunho eminentemente missiológico, de conteúdo inegavelmente bíblico, de relevância essencialmente contextual e de temática cuidadosamente escolhida, desenvolvida e aplicada. De abordagem acima da média para as publicações do gênero nessa área, tanto nacionais quanto internacionais, o autor é minucioso quanto a construir a necessária *ponte hermenêutica* entre o contexto do texto e nossa contemporaneidade. Estabelece, como poucos, as relações entre a narrativa bíblica e a dura realidade atual em que exercemos o ministério, sintonizando-as em torno de uma "pastoral-missional do caminho".

> **Luís Wesley de Souza**, PhD, doutor em Estudos Interculturais pela Emory University, em Atlanta, na Geórgia, professor da Emory University, diretor do Instituto Metodista Mundial de Evangelização e pastor metodista

Como líderes engajados no ministério pastoral e missional, carecemos de livros como este! Por quê? Primeiro, porque quase não levamos em conta o ensino do Antigo Testamento para extrair princípios bíblicos capazes de guiar nosso engajamento contextual. Segundo, porque frequentemente "contextualizamos" não a partir de autores de nosso contexto. Claro que há excelentes autores não latino-americanos com quem podemos aprender muito, mas é muito mais proveitoso quando temos um brasileiro que pensa e escreve para situações específicas de seu contexto justamente com base nessas situações. Terceiro, porque carecemos de uma leitura missional do Antigo Testamento, ou seja, aquela que pressupõe que toda a Escritura contribui para essa história mestra mais abrangente da missão e do propósito de Deus para o mundo que ele criou e está resgatando. Quarto, porque o autor pôs em foco justamente Moisés, um dos três pilares da teologia do Antigo Testamento (os outros dois são Abraão e Davi) que preparam o caminho para o Novo. E, por fim, carecemos de reflexões como essa, que mostra a relevância de uma figura como Moisés para enxergamos melhor nosso modelo máximo, Jesus! Jorge Barro nos dá um banho de dicas de como transformar nosso ministério em algo que reflita o rosto de Jesus. Como não ser gratos por isso?

> **Timóteo Carriker**, PhD, doutor em estudos interculturais (missiologia) pelo Fuller Theological Seminary, em Pasadena, na Califórnia, consultor missiológico da SBB e escritor

Ao percorrer os parágrafos e as páginas desse livro, vamos nos encontrar com Deus, com nossa vocação e com o outro. E são esses encontros que definem as marcas de um pastoreio que começa na adoração a Deus, na afirmação da comunidade de fé e na busca desse outro, que é "prioritariamente", como nos diz o autor, aquele "da periferia da vida". Deixar-se encontrar por esse Deus que nos "ama", "une", "ensina" e "habita" — quatro marcas que definem esse livro — significa discernir esse convite-desafio de Deus que nos alcança nos mais diferentes lugares e momentos da vida, para imprimir em nós uma identidade que encontra sentido "pastoral-missional" na adoração a Deus e no serviço ao outro. Mergulhe nesse livro, e encontrará repetidos convites para seguir por esse caminho.

> **Valdir Steuernagel**, PhD, doutor em missiologia pela Lutheran School of Theology, em Chicago, no Michigan, assessor sênior do Movimento de Lausanne e embaixador da Aliança Cristã Evangélica Brasileira

Rodney Stark, ao analisar a igreja do passado, afirmou: "Com frequência na história humana, crises produzidas por calamidades naturais ou sociais se traduziram em crises de fé. Em geral, isso ocorre porque a calamidade cria demandas a que a religião dominante se revela incapaz de atender." Jorge H. Barro reflete exatamente sobre como a igreja deve responder às crises de seu tempo. Nosso contexto clama por uma igreja que não fuja da missão de Deus. O autor nos convida a olhar para as duras realidades de hoje e perguntar: "De que tipo de ação pastoral-missional precisamos?" Fundamentando a resposta em uma profunda análise da vida de Moisés e na história de Israel, propõe a seguinte ação: desenvolver uma pastoral-missional libertadora, capacitadora da comunidade da aliança, fiel à Palavra (Lei) de Deus e capaz de promover a presença da igreja no mundo. Leia esse texto com atenção, estude com a Bíblia aberta e compartilhe, pois a missão de Deus avança, e você deve fazer parte dela.

> **Antonio Carlos Barro**, PhD, doutor em estudos interculturais (missiologia) pelo Fuller Theological Seminary, em Pasadena, na Califórnia, cofundador e diretor geral da Faculdade Teológica Sul Americana, pastor presbiteriano e pintor

Eis uma obra rara, de grande valia para os pastores e líderes da igreja de Cristo no Brasil. *Pastoral a caminho* é um livro simultaneamente profundo e prático. O autor trabalha a partir de uma saudável conversa entre a essência do evangelho e do discipulado, de um lado, e a dinâmica existencial inerente à genuína caminhada com Cristo, de outro. Uma das melhores obras sobre o tema do discipulado, abordando-o em suas múltiplas facetas, numa abordagem missional contemporânea. Calcado na história bíblica, o texto mostra como ler e aplicar a Escritura às realidades da existência concreta do leitor e da comunidade cristã contemporânea na busca por sua relevância e seu papel em um mundo em transformação. Recomendo esse livro a todos os estudantes de teologia, a pastores e a qualquer cristão comprometido em seguir a Cristo hoje.

> **Ricardo Quadros Gouvea**, PhD, doutor em estudos históricos e teológicos pelo Westminster Theological Seminary, Glenside, USA, e pastor reformado (*Reformed* Church in America, em Ontário, Canadá)

Na infância, observei as ações pastorais desenvolvidas por meu pai; na juventude, surpreso, recebi o mesmo chamado pastoral. Essas duas experiências ministeriais aconteceram em realidades distintas; alguns desafios, no entanto, se mantiveram: a necessidade de uma perspectiva reverente para o exercício ministerial e respeito às pessoas; a certeza de que não somos chamados para situações ideais; o compromisso com o aprendizado contínuo; o desafio de aprender habitar na dor alheia, a convicção de que o ministério não nasce de nossas fortalezas, mas, sim, do encontro de nossas fraquezas com a graça de Deus. A leitura de *Pastoral a caminho* é uma oportunidade para revisitar convicções e ser confrontado com novos desafios. É um convite a uma renovação vocacional. Leitura oportuna!

> **Ziel Machado**, ME, mestre em ciência da religião pela PUC, em São Paulo, vice-reitor acadêmico do Seminário Teológico Servo de Cristo e pastor metodista livre

Essa obra é uma leitura essencial para a igreja e para líderes de missão de todo o mundo. Uma vez que a missão é a missão de Deus e que a igreja é o povo de Deus, nossos conceitos, formas e expectativas de liderança missional na igreja devem ser moldados pelos princípios de Deus retratados na Bíblia. Tendo sido um dos maiores líderes da Bíblia, Moisés é uma das pessoas mais importantes para examinarmos no que diz respeito à liderança missional-pastoral. O autor descreve a liderança de Moisés com profundidade, honestidade e clareza excepcionais. O dr. Jorge Barro ama a igreja de Cristo, ama teologia, ama o ministério pastoral e está profundamente comprometido com a missão da igreja. É um professor talentoso, inspirador e criativo, que escreveu e organizou doze livros, sobretudo na área da missão e da pastoral na cidade. Sua liderança na América Latina foi reconhecida por muitos, razão por que até mesmo foi por certo tempo eleito Presidente da Fraternidade Teológica Latino-Americana. Pastor, estudioso da Bíblia e da missão e líder notável, o autor é altamente qualificado para nos guiar no caminho da liderança na igreja e na sociedade. Louvo a Deus por esse livro prático, útil, instigante e desafiador!

> **Charles van Engen**, PhD, reitor do Programa de Doutorado Latino--Americano de Teologia (PRODOLA), professor emérito de Teologia Bíblica da Missão no Fuller Theological Seminary

PASTORAL A CAMINHO

JORGE HENRIQUE BARRO

PASTORAL A CAMINHO

TEOLOGIA E PRÁXIS PASTORAL
A PARTIR DO CHAMADO E
MINISTÉRIO DE MOISÉS

Copyright © 2022 por Jorge Henrique Barro

Todos os direitos desta publicação são reservados por Vida Melhor Editora LTDA.

As citações bíblicas são da Almeida Revista e Atualizada, a menos que seja especificada outra versão da Bíblia Sagrada. Todo grifo em passagens bíblicas é de responsabilidade do autor.

Os pontos de vista desta obra são de responsabilidade de seus autores e colaboradores diretos, não refletindo necessariamente a posição da Thomas Nelson Brasil, da HarperCollins Christian Publishing ou de sua equipe editorial.

Publisher	*Samuel Coto*
Editor	*André Lodos Tangerino*
Produção editorial e preparação	*Fabiano Silveira Medeiros*
Revisão	*Judson Canto e Bruno Echebeste Saadi*
Projeto gráfico e diagramação	*Tiago Elias*
Capa	*Jônatas Belan*

Dados Internacionais de Catalogação na Publicação (CIP)
(BENITEZ Catalogação Ass. Editorial, MS, Brasil)

B272p
1.ed.
	Barro, Jorge H.
	    Pastoral a caminho : teologia e práxis pastoral a partir do chamado e ministério de Moisés / Jorge H. Barro. – 1.ed. – Rio de Janeiro : Thomas Nelson Brasil, 2022.
	    208 p.; 15,5 x 23 cm.
	
	    ISBN : 978-65-56894-04-1
	
	    1.Cristianismo. 2. Liderança – Aspectos religiosos. 3. Teologia pastoral. 4. Vida cristã. 5. Vocação – Aspectos religiosos. I. Título.

11-2021/61	CDD 253

Índice para catálogo sistemático:

1. Liderança cristã : Teologia pastoral : Cristianismo   253

Bibliotecária: Aline Graziele Benitez CRB-1/3129

Thomas Nelson Brasil é uma marca licenciada à Vida Melhor Editora LTDA.
Todos os direitos reservados à Vida Melhor Editora LTDA.
Rua da Quitanda, 86, sala 218 — Centro
Rio de Janeiro — RJ — CEP 20091-005
Tel.: (21) 3175-1030
www.thomasnelson.com.br

A minha esposa,

DENISE BARRO,

fonte inesgotável de doçura, meiguice e bom humor,
e também modelo de uma espiritualidade que tem sede de Deus.
Não consigo calcular o número de horas, dias e semanas
— que, somados, passam de anos! —
em que ela abriu mão de minha companhia
para que eu pudesse de algum modo servir de bênção
para igrejas, seminários, ministérios e pessoas!

A meus filhos,

PEDRO HENRIQUE e JOÃO FILIPE,

aos quais, mesmo eu já lhes tendo dedicado outras obras,
como minha tese de doutorado no Fuller Theological Seminary,
dedico também esta, por crer que há de ser
mais um legado a nos manter eternamente próximos!

SUMÁRIO

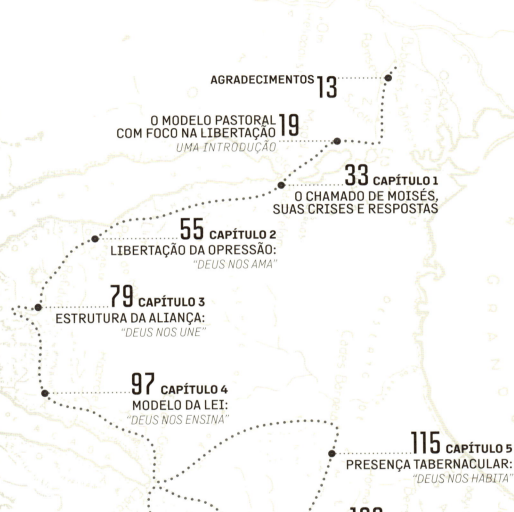

AGRADECIMENTOS **13**

O MODELO PASTORAL
COM FOCO NA LIBERTAÇÃO **19**
UMA INTRODUÇÃO

33 CAPÍTULO 1
O CHAMADO DE MOISÉS,
SUAS CRISES E RESPOSTAS

55 CAPÍTULO 2
LIBERTAÇÃO DA OPRESSÃO:
"DEUS NOS AMA"

79 CAPÍTULO 3
ESTRUTURA DA ALIANÇA:
"DEUS NOS UNE"

97 CAPÍTULO 4
MODELO DA LEI:
"DEUS NOS ENSINA"

115 CAPÍTULO 5
PRESENÇA TABERNACULAR:
"DEUS NOS HABITA"

129 CAPÍTULO 6
SUCESSO E FRACASSO
NA VIDA DE UM LÍDER

PAUTAS PARA
UMA PASTORAL-
-MISSIONAL **151**

REFERÊNCIAS
CITADAS **197**

ÍNDICE
REMISSIVO **203**

AGRADECIMENTOS

Ao rev. dr. PAUL PIERSON e esposa, dona Rosemary (*in memoriam*), pelo cuidado para comigo e com minha família. O dr. Pierson abriu as portas para que eu fosse estudar no Fuller Theological Seminary e hospedou-me em casa justamente na reta final da minha tese. Pôs-me em contato com a Solana Beach Presbyterian Church. Considero a ele e à esposa meus "segundos pais". Foi meu mentor/orientador da tese de mestrado que resultou neste livro. Suas palavras ainda ecoam em minha vida mesmo depois de tantos anos de ter escrito essa nota em minha tese:

> Esta obra é importante. É necessário que a igreja, e não só a igreja brasileira, tenha um conceito pastoral mais bíblico, e que corresponda à situação atual. Esta tese apresenta uma pastoral missiológica que será muito útil no Brasil. Foi um prazer para mim trabalhar com Jorge nesta obra (Paul Pierson, 28/07/97).

Ao rev. dr. CHARLES VAN ENGEN, por suas percepções e tempo compartilhados comigo, numa amizade que resiste ao tempo. Ele é para mim um modelo de servo, disponível e vibrante!

14 Pastoral a caminho

À FACT (Foundation for Advanced Christian Training, que não existe mais porque se fundiu com outras organizações), pelo suporte financeiro e cuidado integral, especialmente na pessoa de Merrit Sawyer, incentivadora dinâmica e enérgica que ama apoiar.

Ao Rivendell Stewards Trust (que também se fundiu com outras organizações), minha profunda gratidão pelo suporte financeiro e cuidado integral, especialmente a Douglas e Joyce Spurlock, por acreditarem e investirem em minha vida e família. Foram meus mentores e diretores espirituais. Não consigo imaginar minha vida e ministério sem a participação deles. Minha gratidão também ao dr. Walter Hansen, que participou na minha banca de defesa do doutorado, especialmente pelas recomendações bíblicas.

À Igreja Presbiteriana Unida de São Paulo, onde passei parte da minha adolescência e juventude, debaixo da tutoria eclesiástica do rev. Denoel Nicodemos Eller (*in memoriam*). Foi aqui que minha vocação pastoral surgiu, tendo sido ordenado no Presbitério Unido em janeiro de 1988.

À Faculdade Teológica Sul Americana (FTSA), também minha filha, minha paixão, uma família humana e cuidadora. A todos os colegas, professores e professoras, sem exceção, pelo apoio e carinho.

À Sociedade de Estudantes de Teologia Evangélica (SETE), por sua influência em minha vida. Sou grato a Deus pelas muitas visitas aos seminários, o tempo com os seminaristas, essa *confraria* que foi sendo formada, sempre debaixo da visão "Ser líderes fiéis e eficazes", com suas quatro metas: 1) homens e mulheres de Deus; 2) filosofia bíblica de ministério; 3) liderança na expansão do Reino de Deus; 4. Teologia bíblica, evangélica, contextual e brasileira.

À Fraternidade Teológica Latino-Americana (FTL), que foi um divisor de águas em minha vida, ministério e formação teológica. Ao redor da mesa, em família, entre irmãos e irmãs, com esses *fratres minores* aprendi que teologia é coisa de gente simples, humilde, fácil, acessível e humana. Sem desprezar a academia, é uma comunidade de amantes de Cristo e de seu Reino.

À Solana Beach Presbyterian Church (SBPC), que desde 1997 investe em minha família e ministério. Meu apreço eterno pelo rev. dr. Tom Theriault, por seu encanto, alegria e humildade. Também pelo rev. dr. Mike McClenahan, pelo tempo juntos e pelas caminhadas e conversas na praia de Solana Beach (Califórnia). Ao rev. Juan-Daniel Espitia, um latino (mexicano) servo, humilde, sempre pronto a ajudar. Ao André Rocha, diretor do Mission and Outreach, da SBPC, pelo suporte e envolvimento em minha vida e ministério! Tive o privilégio de ser seu professor quando ele estudou na FTSA.

Ao Fuller Theological Seminary (FTS), minha *alma mater*, que impactou e impacta milhares de vidas e instituições com sua vitalidade missional, compromisso com a pesquisa e fomento de uma missiologia contextualizada, por meio de professores experientes da prática missionária em muitos países. Serei sempre devedor ao FTS!

Ao rev. dr. Ehud Garcia e esposa, Neiva, pela hospitalidade quando cheguei aos Estados Unidos. Também pelo companheirismo e pelo tempo juntos, especialmente quando dirigimos um caminhão com a mudança deles para Idaho. Que experiência!

Ao rev. dr. Miguel Albanez e esposa, Cristina, casal precioso, pelo tempo que estivemos juntos no Fuller, em Pasadena, na Califórnia.

Ao rev. dr. Davy Lin, modelo de superação, que fez de sua tragédia física um serviço ao próximo, especialmente como capelão! Que homem gentil, servo e humilde!

Ao rev. dr. Wagner Kuhn e esposa, Gisele. Agradeço pelo tempo com o dr. Wagner em sala de aula, no FTS, quando trazia cenouras em tiras para a classe. Sorriso lindo! Servo-amigo!

Ao meu querido irmão, rev. dr. Antonio Carlos Barro, e esposa, Priscila, que abriram as portas para que eu fosse estudar no FTS e ali deixaram uma marca de compromisso com a comunidade dos estudantes!

Aos meus sogros, Geovani e Elza Paiva (*in memoriam*), pelo compromisso com o Senhor. Geovani no cuidado dos pobres, Elza na humildade. Sempre graciosa!

Aos meus pais, Antonio e Romilda Barro (*in memoriam*), pelo esforço em me conduzir nos caminhos do Senhor. Foram zeladores da Igreja Presbiteriana de Marília, na qual aos poucos a vocação ministerial me foi sendo gestada. Pessoas simples, generosas, com as quais em breve estaremos juntos para sempre!

A você, que, sem ser mencionado(a), se sinta incluído, pois certamente estou cometendo alguma injustiça, mas que contribuiu para minha formação, em apoio e oração. Muito obrigado!

E, finalmente, ao meu Deus-Pastor! Esse que me vocacionou ao ministério pastoral, que tem por propósito que seu povo não seja como ovelhas sem pastor.

―――――

"MAS VEM A HORA, E JÁ CHEGOU, EM QUE OS

VERDADEIROS PASTORES PASTOREARÃO

O POVO DE DEUS PARA CUMPRIR SUA

MISSÃO NO MUNDO; PORQUE SÃO ESTES

QUE O PAI PROCURA PARA SEUS PASTORES!

PORVENTURA VOCÊ É UM DELES?"

JORGE HENRIQUE BARRO

―――――

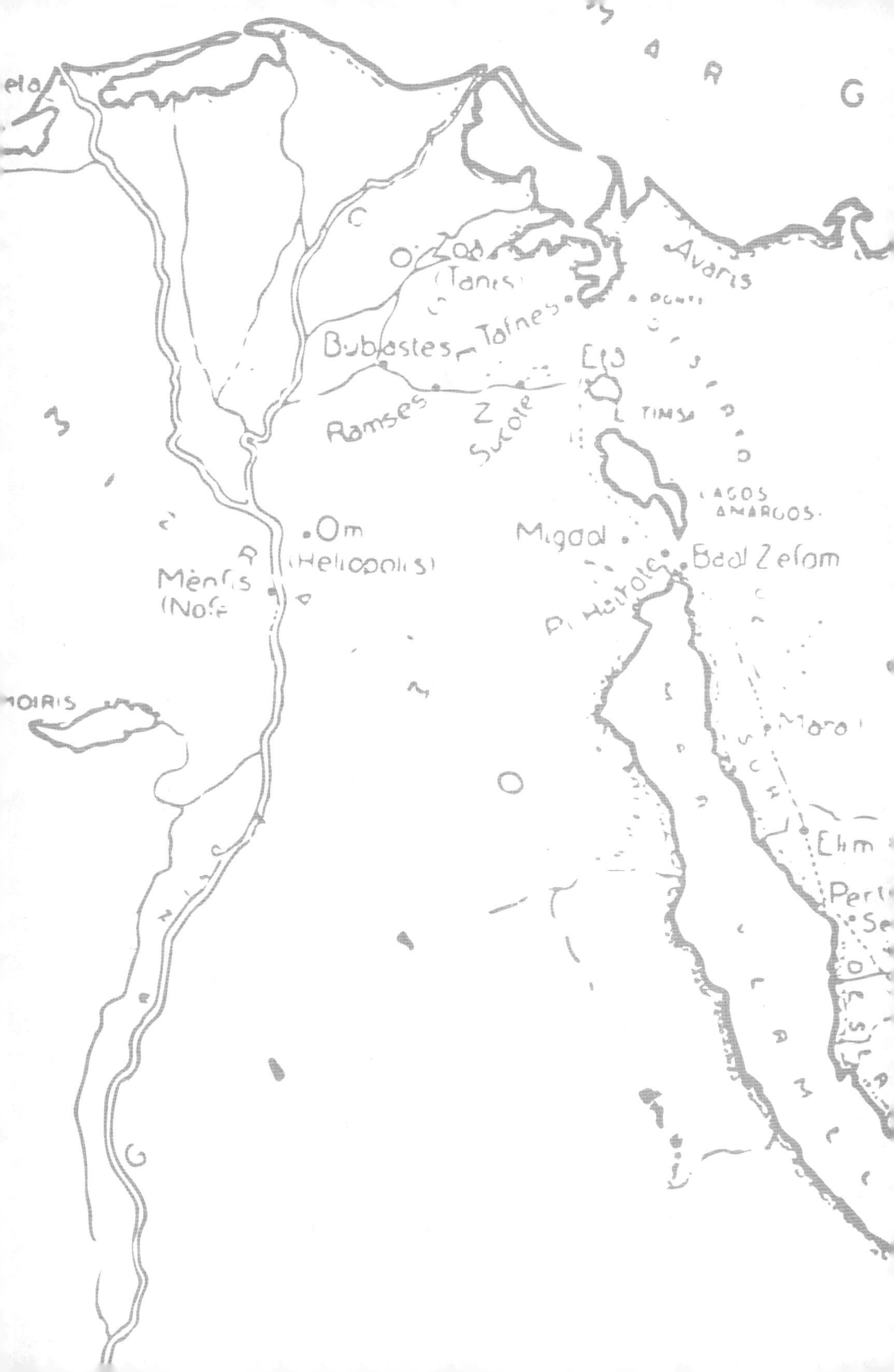

Avaris
Zoa
(Tanis)
Bubastes
Tafnes
Etã
Ramses
Sucote
TIMSA
LAGOS AMARGOS
Migdol
Om
(Heliopolis)
Baal Zefom
Mênfis
(Nof)
Pi Hairote
MOIRIS
Mara
Elim

O MODELO PASTORAL COM FOCO NA LIBERTAÇÃO

UMA INTRODUÇÃO

———

"SE A ATUAÇÃO PASTORAL TEM A MESMA FORMA DE SER E DE AGIR, OU SEJA, O MESMO MODELO, EM TODOS OS LUGARES, É, ASSIM, REPETITIVA E IMITATIVA. O OBJETIVO É QUE ELA SEJA AUTÓCTONE, UMA VEZ QUE É UMA RESPOSTA AO PRÓPRIO CONTEXTO EM QUE É EXERCIDA."

———

Embora, falando vagamente, o trabalho pastoral seja o que os pastores fazem, isso é válido apenas de forma secundária. *Os pastores fazem o que fazem por causa de quem Deus é e do que Deus faz.* Ou, mais precisamente, *antes de ser o ministério da igreja, todo ministério é antes de tudo ministério de Deus* em, por meio de e como Jesus Cristo, no poder do Espírito Santo. Em sentido primário, então, a teologia pastoral é conduzida refletindo-se sobre o ministério — *o ministério de Deus.* O sujeito ativo do trabalho pastoral não é o pastor nem a igreja, mas Jesus Cristo em sua vinda como Deus e em sua obediência à vontade do Pai. O trabalho pastoral não tem outro assunto senão Jesus Cristo e nenhum conteúdo senão a "fé de uma vez por todas confiada aos santos" (Jd 3, NVI).[1]

MODELOS PASTORAIS CUMPREM SUA MISSÃO SENSÍVEIS AO CONTEXTO

QUANDO FALAMOS DE PASTORAL,[2] PRECISAMOS FALAR DE *modelos.* Mas os modelos diferem segundo o contexto ou a situação. A Bíblia fornece os *princípios.* O contexto é a arena onde a pastoral se desenvolve.

---

[1]Purves, 2004, p. 3 (grifo do autor deste livro).

[2]Uso aqui "pastoral" no sentido utilizado e desenvolvido na América Latina: a pastoral como práxis de toda a igreja, como parte do sacerdócio universal de todos os crentes. A pastoral não é tarefa exclusiva dos pastores ou do clero, mas é a práxis de todo o povo de Deus em missão. Cada crente é agente pastoral de cada ministério da igreja e das necessidades da sociedade. Karl Hahner diz que "toda teologia deve ser pastoral e toda pastoral deve ser teológica" (in: Hoch, 1993, p. 14). Como também afirmou Rolando Gutierrez-Cortes, "entende-se que é pastoral de toda a igreja; comunitária; congregacional" (1994, p. 41). Da mesma forma, compreende Orlando E. Costas, ao afirmar que "nos apropriamos [...] da categoria 'pastoral' para designar todas aquelas ações por meio das quais a igreja cumpre sua missão" (1984, p. 7). A palavra "pastoral", nesta obra, deve ser entendida à luz do conceito explicado acima, bem como à luz da liderança pastoral.

22 Pastoral a caminho

Então, em primeiro lugar, no Antigo Testamento a atividade (ou o ministério) pastoral é *contextual*. Orlando Costas afirma que precisamos desenvolver os "ensaios pastorais em situações concretas".[3] Isso significa que a práxis pastoral depende da própria situação em que está inserida e localizada. A pastoral não é um fim em si mesma. É uma forma de desenvolver a missão e as prioridades de Deus no mundo. É um serviço (ministério) para alcançar o mundo por meio do amor redentor de Deus. É contextual porque responde ao contexto ou ambiente específico em que as necessidades estão sendo atendidas. É o contexto, quando levado a sério, que traz sua agenda para a pastoral.

Se a atuação pastoral tem a mesma forma de ser e de agir, ou seja, o mesmo modelo, em todos os lugares, é, assim, repetitiva e imitativa. O objetivo é que ela seja *autóctone*,[4] uma vez que é uma resposta ao próprio contexto em que é exercida.

É o que vemos acontecendo no Antigo Testamento. Por exemplo, quando José estava no Egito, desenvolveu uma pastoral com estilo *administrativo*. Quando o povo de Deus vivia como escravo no Egito, Moisés teve de desenvolver uma pastoral *libertadora*. Rute desenvolveu uma pastoral em busca da *conquista*, da *promoção* e da *defesa dos direitos civis*. Ezequiel teve de desenvolver uma pastoral *política* em tempos de crise. Esses exemplos mostram a necessidade e a importância de desenvolver uma pastoral que responda aos desafios de seu tempo e contexto, para que possa ser relevante. A pastoral será relevante, criativa e eficaz se for contextual.

Mas, em segundo lugar, a práxis pastoral do Antigo Testamento é *missional*, ou seja, é uma resposta à necessidade de cumprir a missão de Deus. É uma resposta porque Deus age primeiro. Nesse sentido,

---

[3] 1975, p. 100.

[4] *Autóctone* significa "natural da região onde habita ou se encontra; [...] indígena" (Caldas Aulete, disponível em <aulete.com.br/autóctone>), como, por exemplo, os aborígenes.

a pastoral no Antigo Testamento é uma pastoral no caminho, em movimento, em ação, seguindo, em resposta, a ação de Deus. Paul Hiebert afirma que "a ação missionária é antes de tudo obra do próprio Deus".[5] Deus é o pastor que está conduzindo seu povo. Se envia seu povo para o Egito, para o deserto, para o Cativeiro Babilônico ou para qualquer outro lugar ou contexto, a pastoral ali deve ser uma resposta responsável ao comando e à ação de Deus. Ela implica submissão a seu comando e autoridade. Deus é o primeiro e o mais interessado em reconciliar o mundo consigo mesmo. É sua a missão; por isso, ofereceu seu único Filho para morrer na cruz. A pastoral, como resposta, é uma *parceria* com Deus em sua missão. Na história de Israel, vemos diferentes abordagens e estilos usados por Deus para cumprir sua missão. Por exemplo, Deus usou o sistema *patriarcal*, o sistema *sacerdotal*, o sistema *régio* e o sistema *profético* como diferentes abordagens para cumprir a mesma missão.

O MODELO MOSAICO DE LIBERTAÇÃO

Neste livro, meu foco recai sobre um tempo e lugar específicos do povo de Deus. Concentro-me no ministério pastoral de Moisés, em sua tarefa como agente de libertação do povo de Deus, e proponho algumas ações, ou práxis pastorais, decorrentes desse modelo.

Os desafios do contexto cultural

Qual é o contexto desse tempo e desse lugar específicos do povo de Deus? Para responder a essa pergunta, precisamos nos reportar ao livro de Gênesis. Quando Deus criou o homem e a mulher à sua imagem, abençoou-os e lhes deu uma orientação específica: "Sede

---

[5] 1985, p. 295.

24 Pastoral a caminho

fecundos, multiplicai-vos, enchei a terra e sujeitai-a; dominai sobre os peixes do mar, sobre as aves dos céus e sobre todo animal que rasteja pela terra" (Gn 1:28). Embora se questionem as conexões históricas entre Gênesis e Êxodo, podemos ver alguma relação entre ambos os escritos. No livro de Êxodo, encontramos o povo no Egito sendo fiel a Deus ao cumprir a orientação dada em Gênesis (1:28). O texto de Êxodo 1:7 diz: "... os filhos de Israel foram fecundos, e aumentaram muito, e se multiplicaram, e grandemente se fortaleceram, de maneira que a terra se encheu deles". Quando Deus dá ordenanças ao povo, ao mesmo tempo lhe oferece condições e o equipa para cumpri-las.

O povo de Deus cumpriu, assim, à risca a ordem divina, pois no Egito "foram fecundos, e aumentaram muito, e se multiplicaram". No entanto, isso se tornou também um grande problema, em duas esferas: a *interna* e a *externa*. O problema interno é que as pessoas se tornaram numerosas e, portanto, visíveis. E esse foi o mesmo problema experimentado por Abraão, por Isaque e por Jacó (Gn 18:18; 28:14). O povo se tornou tão poderoso no Egito, que todos foram "convidados" a se retirar da terra. O problema *externo* é que Israel cresceu grandemente e se fortaleceu, de maneira que a terra se encheu do povo (Êx 1:7). O novo rei, que até então nada sabia sobre José, assumiu o trono e o poder no Egito e disse a seu povo:

> Eis que o povo dos filhos de Israel é mais numeroso e mais forte do que nós. Eia, usemos de astúcia para com ele, para que não se multiplique, e seja o caso que, vindo guerra, ele se ajunte com os nossos inimigos, peleje contra nós e saia da terra. E os egípcios puseram sobre eles feitores de obras, para os afligirem com suas cargas. E os israelitas edificaram a Faraó as cidades-celeiros, Pitom e Ramessés (Êx 1:9-11).

Nesse momento, podemos ver o contexto sociopolítico no qual Moisés foi chamado para atuar como pastor-líder. O problema sociopolítico real aqui era um conflito de classes entre os israelitas (classe dominada) e "nós", os egípcios (classe dominante). Note a força desse "nós" nas próprias palavras desse novo rei: "Ele disse ao seu povo: Eis que o povo dos filhos de Israel é mais numeroso e mais forte do que *nós*" (Êx 1:9). Na verdade, era um conflito entre dois povos: israelitas e egípcios. É uma luta entre uma sociedade urbana dominante e uma classe rural pobre e dominada. Israel vivia fora do Egito, em um contexto agrícola, constituindo-se de trabalhadores rurais. Como define David Fillbeck, a sociedade camponesa é "dependente de uma elite ou sociedade dominante [...] Como sociedade, os camponeses são dependentes da elite urbana que é econômica e politicamente mais poderosa".[6]

Quando os irmãos de José foram ao Egito, após o dramático encontro com seu velho pai, José os aconselhou a dizer assim a Faraó: "... teus servos somos pastores de rebanho, tanto nós como nossos pais" (Gn 47:3). Faraó permitiu que José desse uma parte de Gósen a seus irmãos. "Então, José estabeleceu a seu pai e a seus irmãos e lhes deu possessão na terra do Egito, no melhor da terra, na terra de Ramessés, como Faraó ordenara" (Gn 47:11). No meio dessa história, um pouco antes, há uma frase-afirmação muito importante, que precisa de esclarecimento: "todo pastor de rebanho é *abominação* para os egípcios" (Gn 46:34). A palavra "abominação" (no hebraico, *tô'ēbāh* ou *to'evah*) tem muitos significados pesados: "detestável", "odioso", "abominável", "nojento", "infame" e "nauseante". Em outras palavras, no Egito ser pastor de ovelhas (não confunda aqui com pastor no sentido de ministério pastoral) era uma carreira desprezível. No judaísmo posterior, essa mesma ideia veio à tona.

A questão central é esta: por que todo pastor de rebanho era abominação para os egípcios? José não sugeriu que mentissem

---

[6]1985, p. 34.

26 Pastoral a caminho

a Faraó; ao contrário, adverte-os contra alguma possível reação de Faraó caso soubesse que ali havia pastores de rebanho. José disse: "Quando, pois, Faraó vos chamar e disser: Qual é o vosso trabalho? Respondereis: Teus servos foram homens de gado desde a mocidade até agora, tanto nós como nossos pais; para que habiteis na terra de Gósen, porque todo pastor de rebanho é abominação para os egípcios" (Gn 46:33,34). Tendo esse relato como pano de fundo, José foi a Faraó e lhe disse: "Meu pai e meus irmãos, com os seus rebanhos e o seu gado, com tudo o que têm, chegaram da terra de Canaã; e eis que estão na terra de Gósen. E tomou cinco dos seus irmãos e os apresentou a Faraó" (Gn 47:1,2). José pegou cinco de seus irmãos e os trouxe à presença de Faraó. Além disso, naquele momento, vieram as perguntas terríveis de Faraó: "Então, perguntou Faraó aos irmãos de José: *Qual é o vosso trabalho?* Eles responderam: Os teus servos *somos pastores de rebanho*, tanto nós como nossos pais" (Gn 47:3). Faraó não os censurou por dizerem que eram "pastores de rebanho"; pelo contrário, deu-lhes uma parte no "melhor da terra":

> Disseram mais a Faraó: Viemos para habitar nesta terra; porque não há pasto para o rebanho de teus servos, pois a fome é severa na terra de Canaã; agora, pois, te rogamos permitas habitem os teus servos na terra de Gósen. Então, disse Faraó a José: Teu pai e teus irmãos vieram a ti. A terra do Egito está perante ti; *no melhor da terra faze habitar teu pai e teus irmãos; habitem na terra de Gósen. Se sabes haver entre eles homens capazes, põe-nos por chefes do gado que me pertence* (Gn 47:4-6).

Como entender e interpretar a informação de que "todo pastor de rebanho é abominação para os egípcios", já que Faraó não censurou nem o pai, nem os irmãos de José? Existem algumas possibilidades, mas a que mais me convence é o entendimento de que o problema não estava na ocupação em si, mas, sim, no fato comumente aceito de "que os estrangeiros chamavam os Reis de Pastores, nos tempos passados, invadiram e apoderaram-se do Egito, e mantiveram seu domínio sobre ele por um período prolongado; mas finalmente foram expulsos do país".[7] Qual foi uma das consequências de os egípcios estarem sob esse tipo de opressão? Foram forçados a trabalhar como pastores de rebanho: "Os egípcios tinham de pastorear, especialmente se tivessem sido oprimidos por eles [os que invadiram o Egito], como é muito provável que tenha sido o caso".[8] Ser pastor de rebanho, além de ser uma ocupação corriqueira, também trazia lembranças dolorosas dos tempos opressores do passado. Essa interpretação é mais provável, já que havia a ocupação de pastor de rebanho no Egito na época de José e de sua família.

Se a ocupação de pastorear rebanhos era em si uma abominação, como explicar o fato de que essa ocupação estava existindo no Egito na época? No processo de libertar seu povo do cativeiro, Deus disse: "... o SENHOR fará distinção entre os rebanhos de Israel e o *rebanho do Egito*, para que nada morra de tudo o que pertence aos filhos de Israel" (Êx 9:4). Ou seja, havia gado no Egito com pastores próprios dos egípcios. O mesmo caso pode ser visto na décima praga: "Aconteceu que, à meia-noite, feriu o SENHOR todos os primogênitos na terra do Egito, desde o primogênito de Faraó, que se assentava no seu trono, até ao primogênito do cativo que estava na enxovia, e todos *os primogênitos dos animais*" (Êx 12:29).

Não é correto pensar que a ocupação de pastor de rebanho fosse uma abominação para os egípcios por causa dos animais em si. Os animais não eram uma abominação, principalmente porque eram adorados como deuses pelos egípcios. É importante lembrar o diálogo entre Faraó com Moisés e Arão:

[7]Brown, 1866, p. 6.
[8]Brown, 1866, p. 6.

Chamou Faraó a Moisés e a Arão e disse: Ide, oferecei sacrifícios ao vosso Deus nesta terra. Respondeu Moisés: Não convém que façamos assim porque ofereceríamos ao Senhor, nosso Deus, sacrifícios abomináveis aos egípcios; eis que, se oferecermos tais sacrifícios perante os seus olhos, não nos apedrejarão eles? Temos de ir caminho de três dias ao deserto e ofereceremos sacrifícios ao Senhor, nosso Deus, como ele nos disser. Então, disse Faraó: Deixar-vos-ei ir, para que ofereçais sacrifícios ao Senhor, vosso Deus, no deserto; somente que, saindo, não vades muito longe; orai também por mim (Êx 8:25-28).

Então, qual é a questão em jogo? "Talvez, portanto, os pastores, em si mesmos, não fossem uma abominação para eles, mas apenas os pastores estranhos, que eram a família de Jacó."[9] Além disso, os pastores deviam fazer sacrifício de ovelhas para a sobrevivência das famílias, e, ao fazê-lo, isso era considerado abominação, uma vez que esse animal era considerado um deus e, consequentemente, adorado no Egito.

Além da abominação advinda do pastoreio de rebanho, havia outra ainda pior: "Serviram-lhe a ele à parte, e a eles também à parte, e à parte aos egípcios que comiam com ele; porque aos egípcios não lhes era lícito comer pão com os hebreus, porquanto é isso *abominação* para os egípcios" (Gn 43:32). Era um grande problema naquela época e naquela cultura excluir uma pessoa da comunhão da mesa. "Aqui temos, mesmo nos primeiros tempos, um exemplo notável de exclusividade nacional, quase poderíamos dizer isolamento."[10] Ambas as informações são essenciais para o desenvolvimento da metáfora do pastor aplicada a Deus; isto é, comer com os hebreus, bem como a ocupação mais comum (a de pastor), era abominação para os egípcios.

---

[9]Brown, 1866, p. 6.
[10]Brown, 1866, p. 6.

Visto que os hebreus foram excluídos da mesa dos egípcios, o próprio Deus deu-lhes um cardápio que fazia distinção entre o que ele considerava ou não ser abominação comer: "Não comereis coisa alguma abominável" (Dt 14:3), ou seja:

> Não comereis nenhum animal que morreu por si. Podereis dá-lo ao estrangeiro que está dentro da tua cidade, para que o coma, ou vendê-lo ao estranho, porquanto sois povo santo ao SENHOR, vosso Deus. Não cozerás o cabrito no leite da sua própria mãe (Dt 14:21).

Além de todas essas diferenças culturais, os israelitas tinham um estilo de vida rural. Já os egípcios tinham um estilo de vida de sociedade de classes (urbana). Ser pastor de rebanho era um estilo de vida rural — portanto, a lembrança de uma ocupação que foram forçados a ter no passado. Por isso, era uma ocupação considerada abominável e da qual não mais queriam lembrar.

Todo esse pano de fundo revela o que de fato estava em cena: poder e dominação, que são as raízes da maior parte das opressões e injustiças na história.

> A guerra prevista pelo rei como uma ameaça não é uma guerra pela destruição do "nós" em nosso texto, mas uma guerra de libertação, uma guerra para "fugir do país". Isso é intolerável aos olhos do rei e seus associados, e eles decidem tomar as medidas necessárias.[11]

As medidas necessárias do novo rei, como diz Pixley, materializaram-se na severa opressão que buscava controlar o crescimento e o fortalecimento dos israelitas como povo. A opressão do rei tinha três faces monstruosas:

---

[11]Pixley, 1987, p. 3.

30 Pastoral a caminho

1. *exploração*: "E os egípcios puseram sobre eles feitores de obras, para os afligirem com suas cargas. E os israelitas edificaram a Faraó as cidades-celeiros, Pitom e Ramessés" (Êx 1:11). Contudo, sem sucesso! Quanto mais eram oprimidos, mais se multiplicavam e se espalhavam.

2. *selvageria* (ou *tirania*): "Então, os egípcios, com tirania, faziam servir os filhos de Israel e lhes fizeram amargar a vida com dura servidão, em barro, e em tijolos, e com todo o trabalho no campo; com todo o serviço em que na tirania os serviam" (Êx 1:13,14).

3. *genocídio*: O rei deu sua última e mais decisiva ordem às parteiras hebraicas (Sifrá e Puá): "Quando servirdes de parteira às hebreias, examinai: se for filho, matai-o; mas, se for filha, que viva" (Êx 1:16). As parteiras, porém, temeram a Deus e não fizeram o que o rei do Egito lhes havia ordenado. Deixaram os meninos vivos. Isso nos lembra o compromisso dos apóstolos, para quem, "antes, importa obedecer a Deus do que aos homens" (At 5:29). Em decorrência do temor a Deus por parte das parteiras, "Deus fez bem às parteiras; e *o povo aumentou e se tornou muito forte*" (Êx 1:20).

Jorge Pixley afirma que "o conflito entre o faraó e os israelitas passou a se concretizar como conflito entre a morte e a vida".[12] É nesse contexto que surge a resposta de Deus e sua ação/intervenção pastoral!

A pastoral como projeto divino de libertação

O objeto deste estudo é a *pastoral*. "O livro do Êxodo, portanto, deve ser entendido como resposta literária, pastoral, litúrgica e teológica

---

[12] 1987, p. 5.

diante de uma crise aguda."[13] É meu propósito justamente entender o livro de Êxodo como essa resposta pastoral às necessidades dos israelitas. Deus chama Moisés para ser seu agente pastoral, com vistas a guiar seu povo a um relacionamento livre da escravidão, para que possa assim servi-lo e adorá-lo: "Assim diz o SENHOR, Deus de Israel: Deixa ir o meu povo, para que me *celebre* uma festa no deserto" (Êx 5:1; 8:1).

Por isso, o projeto libertador de Deus passa, pelo menos, por essas quatro características pastorais no livro de Êxodo:

1. *libertação*, porque *Deus nos ama*;
2. *aliança*, porque *Deus nos une*;
3. *Lei*, porque *Deus nos ensina*;
4. *Tabernáculo*, porque *Deus nos habita*.

Sim, Deus é e sempre será o grande *libertador* de seu povo, sendo também aquele que estabeleceu uma relação de *aliança* com seu povo, dando-lhe sua *Lei*, para que este tivesse claramente as instruções dele para a vida, tanto a individual quanto a social. Por fim, foi ele quem andou, como ainda anda, com seu povo, *habitando* no meio dele no passado, com sua presença tabernacular no Cristo-Verbo encarnado, e também hoje, por meio do Espírito, no templo da nossa vida!

Antes de refletirmos sobre as quatro características pastorais presentes no livro de Êxodo, precisamos nos aproximar do pastor-líder Moisés e assim conhecer e compreender seu chamado, que se deu em meio a profundas crises, em que certamente nos veremos e com as quais nos identificaremos.

Deus foi amoroso, compassivo, compreensivo e firme com Moisés!

---

[13]Brueggemann, 1994, p. 680 (grifo do autor deste livro).

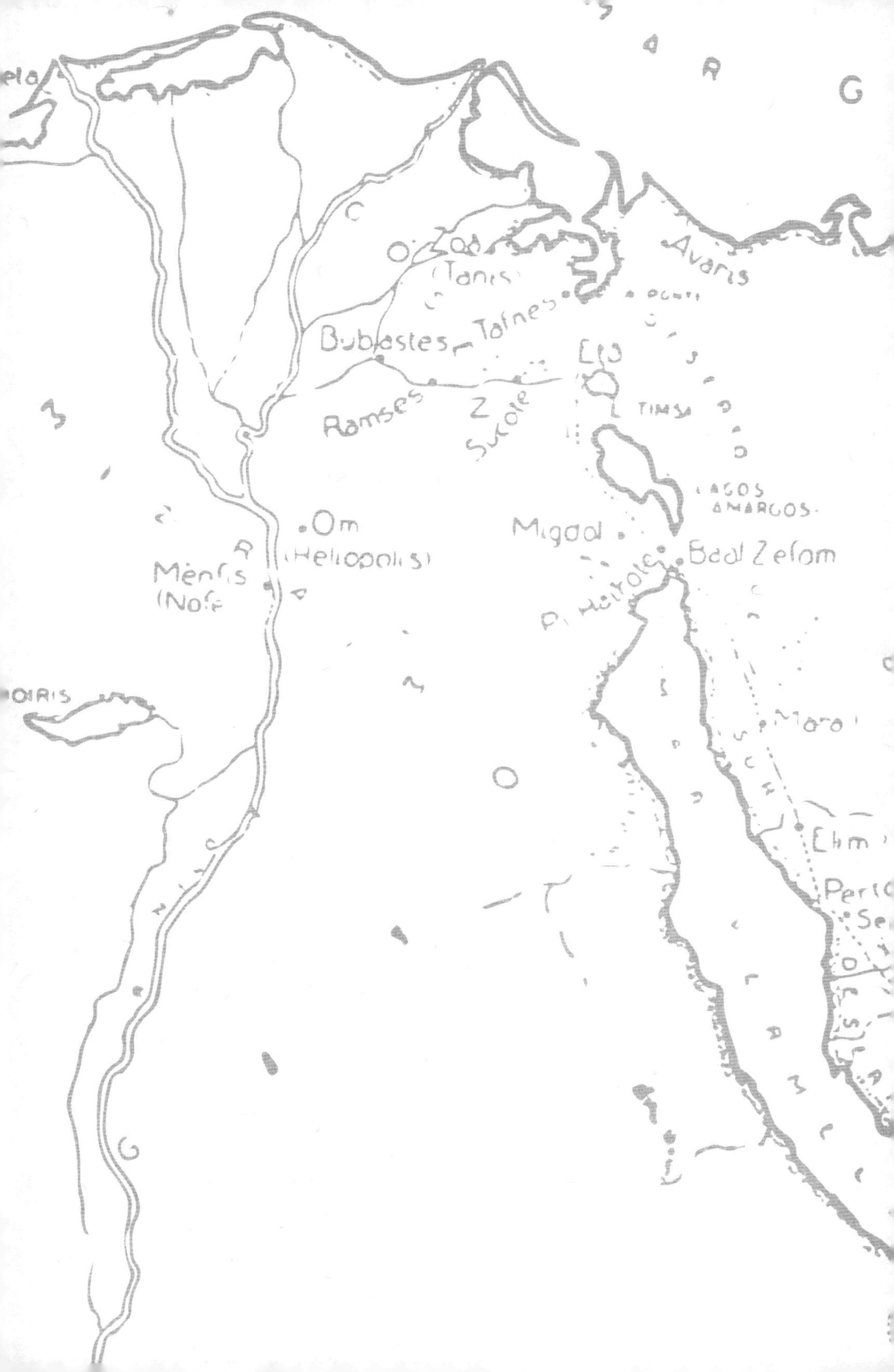

Zoa
(Tanis)
Avaris
Bubastes
Tafnes
Ramses
Sucote
TIMSA
LAGOS
AMARGOS
Om
(Heliopolis)
Menfis
(Nofe)
Migdol
Baal Zefom
Pi Hairote
Mara
Elim
MOIRIS

CAPÍTULO 1

O CHAMADO DE MOISÉS, SUAS CRISES E RESPOSTAS

———

"CADA CHAMADO EXIGE UMA RESPOSTA: OU 'EIS-ME AQUI', OU 'ENVIA OUTRO QUE NÃO SEJA EU'! PORTANTO, A RESPOSTA PODE SER POSITIVA OU NEGATIVA. ENTRE O CHAMADO E A RESPOSTA EXISTE UM PERÍODO OU ESPAÇO DE TEMPO NO QUAL O QUE CHAMA E O QUE É CHAMADO DESENVOLVEM UM RELACIONAMENTO ACOMPANHADO DE DIÁLOGO..."

———

O s "filhos de Israel [...] entraram com Jacó no Egito" (Êx 1:1), cada um com as respectivas famílias. Eles estavam, na verdade, diante de um grande problema, uma encruzilhada: "... faleceu José, e todos os seus irmãos, e toda aquela geração" (Êx 1:6). Eis a encruzilhada: quem seria o novo líder e pastor de Israel?

Todos sabemos que, quando morrem líderes ou pastores, é imensa a lacuna que fica entre a primeira e a próxima geração. A segunda e a terceira geração sempre constituem um novo desafio da perspectiva de como podem ser alcançadas. José, seus irmãos e toda aquela geração morreram. Israel precisava desesperadamente de um pastor que os guiasse. Não apenas José, seus irmãos e toda aquela geração morreram, mas também o ímpio rei do Egito. O povo entendeu que era o momento certo para a libertação. Assim:

> Decorridos muitos dias, morreu o rei do Egito; os filhos de Israel gemiam sob a servidão e por causa dela clamaram, e o seu clamor subiu a Deus. Ouvindo Deus o seu gemido, lembrou-se da sua aliança com Abraão, com Isaque e com Jacó. E viu Deus os filhos de Israel e atentou para a sua condição (Êx 2:23-25).

Deus estava atento à condição de indignidade dos israelitas. Seus ouvidos estavam abertos! Deus foi o primeiro a agir para libertar Israel. Ele era o Pastor que se importava. Pixley afirma que "só Deus é visto como totalmente consciente, e é Deus quem toma a iniciativa de iniciar o processo de libertação".[14] No entanto, mesmo que Deus aja primeiro, ele usa agentes (instrumentos) humanos para cuidar de seu povo e operar transformação social. Como afirma Walter Brueggemann:

---

[14] 1987, p. 16.

Embora a obra do Êxodo seja claramente obra de Deus, o Moisés humano é indispensável como agente de transformação social. Conforme se tornou característico na Bíblia, a ação de Deus no mundo é realizada por agentes humanos convocados para o perigoso serviço de *Yahweh*. O livro de Êxodo é uma declaração que estabelece e celebra a autoridade de Moisés como o fundador e gerador de todas as coisas em Israel, incluindo a fé e a liberdade de Israel.[15]

Encontramos a mesma ideia em Pixley:

A alternância do sujeito que vai realizar a libertação — Deus/Moisés — introduz um tema básico do Êxodo. Repetidamente, Deus e Moisés são declarados como tendo libertado Israel. Segundo nosso texto, a iniciativa para a libertação terá vindo de Deus; mas, para sua execução, a liderança de Moisés será indispensável. O fato de o êxodo ser um ato de salvação divina, não milita contra ser também uma revolução humana, com toda a gestão política que uma revolução requer. Esquecer isso é separar o êxodo, quando Deus agia pela salvação de um povo, da realidade humana, que exige que nos organizemos, com uma gestão eficaz, para fazer da revolução um sucesso.[16]

Um grito de socorro ecoa, e o Yahweh-Pastor ouve o clamor que se levanta. Quem há de se apresentar como a resposta a esse grito? Quem será o pastor humano que conduzirá o povo de Deus à liberdade? Moisés, com toda a certeza! Sim, ele será o pastor-agente divino usado para libertar Israel da opressão. Isaías 63:11 é o único lugar, como evidência interna da Escritura, em que Moisés aparece como pastor:

---

[15]1994, p. 690.
[16]1987, p. 20.

Então, o povo se lembrou dos dias antigos, de Moisés, e disse: Onde está aquele que fez subir do mar *o pastor do seu rebanho*? Onde está o que pôs nele o seu Espírito Santo?

E o povo reconheceu Moisés como seu pastor! Mas que luta foi para que ele mesmo fosse capaz de se reconhecer como pastor desse povo!

O nascimento de Moisés foi um milagre de Deus. Seu pai era da "casa de Levi" (Êx 2:1). Sua mãe era também descendente da tribo de Levi. Seu nome, "Moisés", significa "tirado da água": "Esta [a filha de Faraó] lhe chamou Moisés e disse: porque das águas o tirei" (Êx 2:10). Moisés, já crescido, saiu para onde estava seu povo, os israelitas, e "viu os [...] labores penosos" (Êx 2:11) que eram obrigados a fazer. Foi nesse contexto que vemos a primeira ação de Moisés. Ao ver que um "egípcio espancava um hebreu", resolveu o problema matando o egípcio e escondendo-o na areia. O fato chegou inevitavelmente ao conhecimento de Faraó, e Moisés fugiu, indo parar numa cidade chamada Midiã. Foi em Midiã que Deus começou a prepará-lo para ser pastor. *Deus e Moisés trabalhariam em cooperação.* Não cabe aqui a mentalidade "ou um, ou outro", mas, sim, "um com o outro", porque "Deus com Moisés" e "Moisés com Deus" eram parceiros para um alvo comum: libertar o povo da escravidão! Era por meio da instrumentalidade de Moisés que Deus realizaria um de seus maiores feitos na história da humanidade, o qual poria fim ao projeto escravagista e opressor do Egito, que durou 430 anos (Êx 12:40,41).

Moisés agora estava sentado junto a um poço em Midiã. Mais uma vez, é tomado por um senso de justiça própria, ao defender sete mulheres, filhas de Reuel, sacerdote de Midiã, porque maus pastores não queriam que o rebanho delas tivesse água, e sim somente os deles. Eles, então, "as enxotaram dali" (Êx 2:17). "Moisés, porém, se levantou, e as defendeu, e deu de beber ao rebanho" (Êx 2:17).

Moisés deu água ao rebanho de Reuel e, por essa razão, Reuel lhe deu a filha, Zípora, em casamento (Êx 2:21), "a qual deu à luz um filho, a quem ele chamou Gérson, porque disse: Sou peregrino em terra estranha" (Êx 2:22). Passado algum tempo, "apascentava Moisés o rebanho de Jetro (ou Reuel[17]), seu sogro, sacerdote de Midiã; e, levando o rebanho para o lado ocidental do deserto, chegou ao monte de Deus, a Horebe" (Êx 3:1). A essa altura, Moisés estava com oitenta anos.

E foi ali, no monte de Deus, Horebe, que, ao ver a sarça ardente, o que para Moisés foi uma "grande maravilha" (Êx 3:3), ele ouviu seu nome sendo pronunciado duas vezes: "Moisés! Moisés!" (Êx 3:4). Sem demora alguma, responde: "Eis-me aqui!" (Êx 3:4). Como diz Wildavsky:

> Quando Deus chamou seu nome pela primeira vez na sarça ardente, Moisés, que passara metade da sua vida no exílio, gritou imediatamente: "Eis-me aqui". Mas, ouvindo o que Deus exigia, ele começou a se equivocar: "Quem sou eu", perguntou ele, "para ir a Faraó e tirar do Egito os filhos de Israel?" (Êx 3:11). A lacuna entre o autoconfiante "Eis-me aqui" e a autodúvida "Quem sou eu?" marca uma divisão dentro de Moisés. "Quem" ele é e "o que" ele deve fazer estão desconectados um do outro.[18]

Charles van Engen, ao recontar missionalmente as histórias bíblicas em suas vibrantes aulas no Fuller Theological Seminary, sempre nos confrontava com esta pergunta: "Com quem você se identifica nesta história?" Agora temos "Moisés, um membro da elite do Egito, [...]

---

[17]Uma explicação se faz necessária. Quem era o sogro de Moisés, Reuel ou Jetro? Trata-se da mesma pessoa, conhecida pelos dois nomes. O nome mais conhecido e citado é Jetro.

[18]1984, p. 32.

que, no entanto, se identifica com os trabalhadores explorados, e que também demonstra seu amor pela vida — especialmente dos mais fracos — na terra de Midiã".[19]

Cada chamado exige uma resposta: ou "Eis-me aqui", ou "Envia outro que não seja eu"! Portanto, a resposta pode ser positiva ou negativa. Entre o chamado e a resposta existe um período ou espaço de tempo no qual o que chama e o que é chamado desenvolvem um relacionamento acompanhado de diálogo, o que por vezes, pode ser provocado por incertezas, dúvidas, obediência, desobediência, medo, crise de identidade e ainda confrontação. Aqui Deus é o que chama; Moisés é o chamado.

O CHAMADO DE MOISÉS

Em Êxodo 3, a questão é bem diferente. A comissão não é de um líder militar, mas de um profeta, enviado a um rei: "Vem, agora, e eu te enviarei a Faraó".[20]

Deus chamou Moisés para ser seu instrumento em uma situação ou em um contexto muito específico, como acabamos de ver. Sua vocação exigiria dele ser uma resposta tanto para Deus quanto para seu povo. A pastoral é, acima de tudo, uma resposta a Deus porque é nele que nasce a pastoral (*ato primeiro*). Mas também a pastoral é uma resposta (*ato segundo*) para servir a Deus e a seu povo. Sem Deus, a pastoral é um mero exercício humano, uma vez que perde sua transcendência. Sem o povo, a pastoral é um mero exercício divino, uma vez que perde sua imanência. A pastoral acontece nessa necessária e criativa tensão entre a *transcendência* e a *imanência*, o

---

[19]Pixley, 1987, p. 9.
[20]Seters, 1994, p. 44.

que faz dela um serviço divino-humano! Existiam pelo menos dois aspectos para esse chamado. Primeiro, Deus estava consciente do sofrimento de Israel. Segundo, os israelitas choravam e clamavam a Deus. É nessa rodovia de mão dupla entre Deus e o povo, e entre o povo e Deus, que Moisés é chamado a participar como instrumento para também sofrer. Assim, havia uma *dimensão divina*, assim como uma *dimensão humana* da pastoral. Uma dá sentido à outra, e ambas coexistem!

E foi assim que Deus disse a Moisés: "O clamor dos filhos de Israel chegou até mim, e também vejo a opressão com que os egípcios os estão oprimindo" (Êx 3:9). Deus é Deus de misericórdia e de compaixão e, por isso, é quem sempre age primeiro. Havia um povo oprimido que clamava por liberdade e libertação. E foi nesse contexto que Deus chamou Moisés para ser seu instrumento na libertação de seu povo. Quando Deus chamou Moisés, disse: "Vem, agora [Moisés], e eu te enviarei a Faraó, para que tires o meu povo, os filhos de Israel, do Egito" (Êx 3:10). Facilmente se podem inferir três movimentos nessa convocatória (chamado, se preferir) de Deus:

1. *indignação de Deus*: "Vem, agora" significa "Chega, basta, é tempo de acabar com essa opressão". É Deus quem toma a iniciativa!
2. *resposta de Deus*: "... e eu te enviarei a Faraó". Moisés é o instrumento de Deus para libertar seu povo. É Moisés que serve de resposta!
3. *propósito do chamado de Moisés*: "... para que tires o meu povo, os filhos de Israel, do Egito". É a retirada do povo a razão missional dessa ação pastoral. E toda pastoral é missional.

Parafraseando a intenção de Deus nesse chamado, é como se estivesse dizendo: "Estou vendo a situação de meu povo no Egito. Não quero que ele sofra mais do que já sofreu. Então, vem agora, Moisés, e seja meu instrumento para libertar meu povo dessa opressão. Moisés, vá agora a Faraó e declare os propósitos que tenho para meu povo".

Quase todo chamado ou vocação surge em meio a crises. Pergunte aos pastores, e você comprovará isso! Claramente percebemos, por exemplo, como Jonas, Jeremias, Paulo, Pedro, Timóteo e tantas outras personagens bíblicas experimentaram crises em seu chamado. Com Moisés não foi diferente. Aliás, Moisés nos ajuda a compreender o processo da crise, ou os estágios da crise, quando Deus chama alguém para uma missão (tarefa) em particular. Olhando de frente para trás, fica fácil julgar Moisés e sua objeção ao chamado de Deus. Contudo, se estivéssemos em seu lugar, nossa perspectiva certamente seria outra, pois uma coisa é assistir ao jogo da arquibancada, outra é entrar em campo e jogar. Precisamos levar em consideração que:

> Moisés não havia vivido com o povo oprimido no Egito. Ele era publicamente conhecido como o filho da filha de faraó, que havia vivido no palácio real, e que estava ausente do país por um longo período, vivendo como um exilado em Midiã. É natural que ele perguntasse se os israelitas iriam aceitá-lo como um profeta de Deus.[21]

AS CRISES E AS RESPOSTAS DE MOISÉS

Com tudo isso em mente, analisaremos os cinco estágios da crise no processo do chamado de Moisés.

---

[21]Pixley, 1987, p. 20.

Estágio 1: a crise de identidade

"Quem sou eu para ir a Faraó e tirar do Egito os filhos de Israel?" (Êx 3:11). "Quem sou eu" é mais que uma pergunta; é, no fundo, uma constatação: "Sou uma pessoa simples e comum". Moisés tem um sentimento, o de que, quando comparado a outras pessoas, não está qualificado para essa missão. "Quem sou eu?" é também uma experiência de medo. Para ele, Faraó é muito poderoso, e ele o conhece muito bem, porque havia vivido em seu palácio. "Quem sou eu?" é o início de cada vocação pastoral. É o confronto com nossa identidade e personalidade. É o encontro com nós mesmos e com nossa finitude. É, ainda por cima, o confronto com nossa incapacidade para fazer as coisas acontecerem. Em geral, pensamos ser mais poderosos do que de fato somos, mas, quando deparamos com a realidade, percebemos que não somos tão poderosos e capazes quanto pensávamos que éramos ou seríamos. Muitos pastores e missionários já passaram por essa experiência. Tantos outros ainda vão passar. Antes do chamado, muitos se percebem aptos e prontos, ainda mais quando esse chamado se dá em meio a um culto vibrante, com músicas de fundo que confirmam nossa confiança em Deus. Contudo, quando acaba o culto ou aquele congresso de missões, a emoção sai do coração e alcança os pés, e as realidades concretas se apresentam. É quando esse chamado é visitado pela inevitável pergunta: "Eu Senhor; tem certeza?"

A resposta de Deus à pergunta de Moisés, "Quem sou eu?", foi a seguinte: "Eu serei contigo; e este será o sinal de que te enviei: depois de haveres tirado o povo do Egito, servireis a Deus neste monte" (Êx 3:12). A resposta de Deus ao questionamento de Moisés é um *sinal*, o qual é sua presença: "Eu serei contigo". Deus estava comunicando a Moisés que sua presença, como sinal, mostraria a Faraó que o próprio Deus havia sido enviado até ele. Em outras palavras, Moisés seria o instrumento humano, mas de fato é Deus quem estava nos bastidores. Não convencido — sem acordo algum —, surge a segunda crise.

Estágio 2: a crise quanto à identidade de Deus e do povo

Já que Moisés não confia em si mesmo — "Quem sou eu...?" —, Deus propõe uma mudança de foco, ou seja, faz com que o olhar de Moisés se volte para o próprio Deus: "*Eu serei contigo*; e este será o sinal de que eu te enviei: depois de haveres tirado o povo do Egito, servireis a Deus neste monte" (Êx 3:12). Moisés agora tem a garantia da presença-sinal de Deus com ele: "*Eu serei contigo*".

Contudo, Moisés também tem seus contra-argumentos: "Disse Moisés a Deus..." Nesses estágios/processos de crise do chamado, fica evidente esse diálogo entre "disse Deus a Moisés" e "disse Moisés a Deus". E lá vem Moisés novamente... *Disse Moisés a Deus*: "Eis que, quando eu vier aos filhos de Israel e lhes disser: O Deus de vossos pais me enviou a vós outros; e eles me perguntarem: Qual é o seu nome? Que lhes direi? (Êx 3:13). O segundo aspecto da crise de Moisés é sobre Deus, como também sobre o povo de Deus. O foco agora sai de sobre si mesmo e volta-se para Deus e seu povo.

Se na primeira crise a pergunta crítica foi: "Quem sou eu...?", nessa segunda crise a pergunta crítica é: "Quem é o Senhor?" A crise de Moisés nesse momento não está mais conectada a Faraó nem ao que o próprio Moisés deve fazer, mas, sim, a Deus e seu povo.

Moisés está dizendo a Deus: "Suponhamos que eu vá ao povo israelita..." Moisés havia crescido dentro do palácio. Até esse momento de sua história e de sua vida, não tivera contato nem com "esse Deus" que fala com ele, nem com "esse povo de Deus", os israelitas. Por sinal, tanto Deus quanto seu povo eram estranhos para Moisés. Isso é o que estava por trás dessa inquietação de Moisés, ao contrapor: "Eis que [suponhamos], quando eu vier aos filhos de Israel e lhes disser: O Deus de vossos pais me enviou a vós outros; e eles me perguntarem: Qual é o seu nome? Que lhes direi?" (Êx 3:13).

Agora Moisés revela que seu problema diz respeito a uma crise no que tange à identidade de Deus. Quando pergunta: "Qual é o seu

44 Pastoral a caminho

nome?", está, na verdade, usando de sinceridade, pois de fato não conhecia nem se relacionava com "esse" Deus dos israelitas. Por isso, é justo que pergunte: "Quem é você?" O nome era (e ainda é) crucial para a identidade de uma pessoa. "Para o hebreu, 'nome' simboliza 'caráter'. Conhecer o nome de Deus é conhecê-lo pessoalmente. O mero fato de Deus ter um nome demonstra que Ele é plenamente pessoal".[22]

O livro de Êxodo não fala do relacionamento entre Deus e Moisés durante a vida deste no palácio. Isso provavelmente demonstra que Moisés tinha poucas ideias a respeito "desse" Deus-Iahweh de Israel. Como poderia Moisés aceitar um chamado-missão vindo "desse Deus" se quase nada sabia a respeito dele? Assim, sua pergunta não é apenas lógica, é também honesta e sincera: "O Senhor, que está me enviando para essa missão, quem é, afinal?". Não vejo aqui nenhuma atitude de descrédito ou desrespeito por parte de Moisés em sua tentativa de recusar o chamado divino. Deus percebe a importância desse aspecto levantado por Moisés e trata sua questão de modo muito sério, tanto que sua resposta precisou ser longa, com o propósito de persuadi-lo:

> Disse Deus a Moisés: EU SOU O QUE SOU. Disse mais: Assim dirás aos filhos de Israel: EU SOU que me enviou a vós outros. Disse Deus ainda mais a Moisés: Assim dirás aos filhos de Israel: O Senhor, o Deus de vossos pais, o Deus de Abraão, o Deus de Isaque e o Deus de Jacó, me enviou a vós outros; este é o meu nome eternamente, e assim serei lembrado de geração em geração. Vai, ajunta os anciãos de Israel e dize-lhes: O Senhor, o Deus de vossos pais, o Deus de Abraão, o Deus de Isaque e o Deus de Jacó, me apareceu dizendo: Em verdade vos tenho visitado e visto o que vos tem sido feito no Egito. Portanto, disse eu: Far-vos-ei subir da aflição do Egito para

---

[22]Carriker, 2000, p. 56.

a terra do cananeu, do hebreu, do heteu, do amorreu, do ferezeu, do heveu e do jebuseu, para uma terra que mana leite e mel. E ouvirão a tua voz; e irás, com os anciãos de Israel, ao rei do Egito e lhe dirás: O Senhor, o Deus dos hebreus, nos encontrou. Agora, pois, deixa-nos ir a caminho de três dias para o deserto, a fim de que sacrifiquemos ao Senhor, nosso Deus. Eu sei, porém, que o rei do Egito não vos deixará ir se não for obrigado por mão forte. Portanto, estenderei a mão e ferirei o Egito com todos os meus prodígios que farei no meio dele; depois, vos deixará ir. Eu darei mercê a este povo aos olhos egípcios; e, quando sairdes, não será de mãos vazias. Cada mulher pedirá à sua vizinha e à sua hóspeda joias de prata, e joias de ouro, e vestimentas; as quais porei sobre vossos filhos e sobre vossas filhas; e despojareis os egípcios (Êx 3:14-22).

Nessa resposta, encontramos pelo menos três questões importantes:

1. Deus oferece a Moisés, pela primeira vez na Bíblia, sua *autodefinição*: "Eu Sou o que Sou". Antes, Deus já havia dito a Abrão: "Eu sou o Senhor" (Gn 15:7), assim como "Eu sou o Deus Todo-Poderoso" (Gn 17:1). Também já havia dito a Isaque: "Eu sou o Deus de Abraão, teu pai" (Gn 26:23). Disse ainda o mesmo para Jacó: "Eu sou o Deus de Abraão, teu pai" (Gn 28:13). Contudo, é em sua fala a Moisés que encontramos sua primeira autodefinição: "Eu Sou o que Sou". É bem no meio de nossas crises que podemos ser visitados com as maiores revelações de nossa vida. Deus tem o poder e a capacidade imaginativo-criativa de fazer de nossas crises um palco para a manifestação de sua glória!

2. Deus oferece a Moisés uma *ponte de contato*: "O Senhor, o Deus de vossos pais, o Deus de Abraão, o Deus de Isaque e o Deus de Jacó, me enviou a vós outros; este é o meu nome

eternamente, e assim serei lembrado de geração em geração" (Êx 3:15). Essa ponte mostraria que Moisés não estava isolado, mas, sim, conectado com Israel.

3. Deus dá a Moisés uma *instrução específica* sobre a liderança e a tradição de Israel: "Vai, ajunta os anciãos de Israel e dize--lhes: O Senhor, o Deus de vossos pais, o Deus de Abraão, o Deus de Isaque e o Deus de Jacó, me apareceu, dizendo: Em verdade vos tenho visitado e visto o que vos tem sido feito no Egito" (Êx 3:16). Deus mostra a Moisés que ele tem história, bem como uma longa tradição com seu povo, sendo "o [não *um*] Deus de vossos pais...".

Por fim, Moisés podia atender ao chamado de Deus certo de que contaria com sua presença e com o endosso dos anciãos de Israel. Moisés agora sabia que Deus é o "Eu Sou". Também poderia seguir confiante de que estava conectado ao povo Deus ("meu povo"), chamado para servir e liderar com o apoio e o suporte dos anciãos (a liderança) de Israel. Assim, está preparado para ir, mas é quando explode a terceira crise.

Estágio 3: a crise de autoridade

"Respondeu Moisés: Mas eis que não crerão, nem acudirão à minha voz, pois dirão: O Senhor não te apareceu" (Êx 4:1). O elemento central dessa terceira crise diz respeito a suas credenciais. O que Moisés está perguntando agora, mais uma vez, tem lógica. Sua inquietação diz respeito às credenciais que acredita não ter para ser esse agente de Deus. Em outras palavras, está pedindo credibilidade, aceitabilidade e probidade (confiabilidade) para poder realizar a tarefa. O problema de Moisés era este: "E se não acreditarem em mim ou não derem ouvidos às minhas palavras e ainda disserem: 'O Senhor não te apareceu coisa nenhuma'?".

O chamado de Moisés, suas crises e respostas **47**

Na crise anterior, vimos o que Deus disse a Moisés: "Vai, ajunta os anciãos de Israel e dize-lhes: O Senhor, o Deus de vossos pais, o Deus de Abraão, o Deus de Isaque e o Deus de Jacó, *me apareceu, dizendo...*" (Êx 3:16). Mesmo que Deus tenha dado essas orientações a Moisés, não foram suficientes para convencê-lo de que prestariam atenção a ele. A inquietação de Moisés agora é: "Quais são minhas credenciais?". Moisés queria algo concreto, que mostrasse que não estava mentindo e que tinha uma revelação-chamado especial da parte de Deus para tal tarefa. Se a questão era a falta de revelação que possa trazer credibilidade para sua missão, vejamos a resposta de Deus:

> Perguntou-lhe o Senhor: Que é isso que tens na mão? Respondeu-lhe: Um bordão. Então, lhe disse: Lança-o na terra. Ele o lançou na terra, e o bordão virou uma serpente. E Moisés fugia dela. Disse o Senhor a Moisés: Estende a mão e pega-lhe pela cauda (estendeu ele a mão, pegou-lhe pela cauda, e ela se tornou em bordão); para que creiam que te apareceu o Senhor, Deus de seus pais, o Deus de Abraão, o Deus de Isaque e o Deus de Jacó. Disse-lhe mais o Senhor: Mete, agora, a mão no peito. Ele o fez; e, tirando-a, eis que a mão estava leprosa, branca como a neve. Disse ainda o Senhor: Torna a meter a mão no peito. Ele a meteu no peito, novamente; e, quando a tirou, eis que se havia tornado como o restante de sua carne. Se eles te não crerem, nem atenderem à evidência do primeiro sinal, talvez crerão na evidência do segundo. Se nem ainda crerem mediante estes dois sinais, nem te ouvirem a voz, tomarás das águas do rio e as derramarás na terra seca; e as águas que do rio tomares tornar-se-ão em sangue sobre a terra. (Êx 4:2-9).

Esse sinal maravilhoso tinha o propósito de demonstrar ao povo que lhe "apareceu o Senhor, o Deus de seus pais, o Deus de Abraão, o Deus de Isaque e o Deus de Jacó" (Êx 4:5). Se Moisés estava procurando uma "evidência [sinal] externa" para mostrar aos israelitas que Deus lhe havia aparecido, agora tinha uma. Moisés tinha em mãos um poderoso cajado, como instrumento do poder e da ação pastoral de Deus. Com esse cajado, Moisés pôde dar fim a essa entrevista com Deus e simplesmente seguir seu caminho. Parece que Moisés olhava para o cajado nas mãos, mas ainda não estava convencido! Precisava de mais evidências e, consequentemente, isso provocou a quarta crise.

Estágio 4: a crise quanto à incapacidade e à falta de influência

"Então, disse Moisés ao Senhor: Ah! Senhor! Eu nunca fui eloquente, nem outrora, nem depois que falaste a teu servo; pois sou pesado de boca e pesado de língua" (Êx 4:10). Nesse momento, Moisés vira-se para si mesmo. Apela para Deus da perspectiva do que acredita ser sua incapacidade e falta de influência.

Ele expressa duas realidades em sua vida. Primeira: afirma que nunca havia sido eloquente. Segunda: afirma que era inapto na fala ("pesado de boca e pesado de língua"). Moisés estava tentando convencer a Deus de que não reunia as condições humanas necessárias para realizar a tarefa, uma vez que não se acreditava capaz de convencer Faraó, por se achar inapto na fala, fraco como diplomata ou um fracasso como orador. Moisés sabia do poder político da liderança de Faraó. Nessa arena, Moisés entende que é necessário ser um bom orador, falar com clareza e agilidade. Não são essas as habilidades que um político sempre busca ter? Quando Moisés disse: "Eu nunca fui eloquente, nem outrora, nem depois que falaste a teu servo", certamente estava tentando dizer: "E não será agora que vou ser capaz de ser o que jamais fui". Moisés então pensa que finalmente deu um xeque-mate em Deus. Como poderia Deus dizer algo contra a incapacidade humana dele? Aquilo era um fato em sua vida, e ninguém poderia mudar tal condição. Mas Deus é onipotente! A resposta de Deus a Moisés foi desconcertante: "Respondeu-lhe o Senhor: Quem faz a boca do homem? Ou quem faz o mudo, ou o surdo, ou o que vê, ou o cego? Não sou eu, o Senhor? Vai, pois, agora, e eu serei com a tua boca e te ensinarei o que hás de falar" (Êx 4:11,12).

Mark Twain diz que "coragem é a resistência ao medo, o domínio do medo — não a ausência do medo".[23]

Deus simplesmente responde a Moisés que não há incapacidade humana que ele não possa reparar ou consertar. Deus é o Criador; Moisés, a criatura. Deus não somente o ajudaria a falar, mas também lhe ensinaria o que dizer. Deus é o Senhor; Moisés, o servo.

Tudo indicava que Moisés não teria mais como se recusar a ir, pois Deus já havia tratado da 1) identidade de Moisés, da 2) identidade tanto do próprio Deus quanto do povo, da 3) autoridade para Moisés se apresentar diante da comunidade de Israel com o cajado em mãos e, por fim, do fato de que 4) Moisés estava livre de suas incapacitações.

Depois de todas essas garantias, uma vez mais Deus chama Moisés e ordena: "Vai, pois, agora, e eu serei com a tua boca e te ensinarei o que hás de falar" (Êx 4:12). Mas Moisés irá? O pior de tudo é que, na verdade, não; e assim explode a quinta crise!

Estágio 5: a crise quanto ao medo

"Ele, porém, respondeu: Ah! Senhor! Envia aquele que há de enviar, menos a mim" (Êx 4:13). Essa foi a reação de Moisés: "Envie qualquer outra pessoa para fazer o que o Senhor entende que precisa ser feito". Em outras palavras: "Envie outro para libertar seu povo da escravidão". Moisés, finalmente, revela seu real problema:

---

[23]2006, p. 69.

50 Pastoral a caminho

medo! O medo que paralisa e conduz qualquer um à desistência: "menos a mim".

Moisés parecia não estar consciente de que Deus o usaria para uma das mais importantes e sensacionais intervenções na história da humanidade. A ação de Deus seria demonstrada de forma poderosa na história, e Moisés fora convidado a participar ativamente como instrumento de Deus! Mas Moisés não conseguia enxergar isso, e mais uma vez estava tentando resistir.

Essa é a questão! O medo pode nos fazer perder as melhores oportunidades da vida! O medo paralisa nossos sonhos e projetos e não permite que sejamos usados de modos jamais imaginados! O medo até mesmo nos cega os olhos para não nos importarmos com a indignidade a que o ser humano é submetido. Moisés pensou mais nele do que nos milhares de pessoas que viviam debaixo do pesado jugo da escravidão! Contudo, Deus certamente não desistiria da necessidade de libertar seu povo, com ou sem a participação de Moisés. Deus resolveu também não desistir de Moisés.

Ao medo de Moisés, Deus responde:

> Então, se acendeu a ira do Senhor contra Moisés, e disse ele: Não é Arão, o levita, teu irmão? Eu sei que ele fala fluentemente. E eis que ele sai ao teu encontro e, vendo-te, se alegrará em seu coração. Tu, pois, lhe falarás, e porás as palavras na sua boca; e eu serei com a tua boca e com a dele, e vos ensinarei o que haveis de fazer. E ele falará por ti ao povo; assim ele te será por boca, e tu lhe serás por Deus. Tomarás, pois, na tua mão esta vara, com que hás de fazer os sinais (Êx 4:14-17).

A ira de Deus ascende-se contra Moisés porque este não é capaz de entender que havia um povo sofrendo no Egito. Não consegue ver além de seus medos. Se o problema é o medo, Deus providencia alguém muito especial para estar ao lado de Moisés — seu irmão —, para apoiá-lo e ajudá-lo a vencer o medo. Perceba, contudo, que "Arão é apresentado, mas ele não é mais do que um companheiro para Moisés".[24] A missão é de Moisés e não de Arão. Arão é alguém que ajudaria Moisés nesse processo. Assim, Deus "não descartou Moisés por causa da sua dureza".[25]

No ministério pastoral, enfrentamos muitas situações em que sentimos medo e precisamos de pessoas (amigos próximos) para nos ajudar a vencer nossas limitações e barreiras. Precisamos de "Arões" que estejam ao nosso lado. Bem-aventurados os que cultivam amizades! São muitos os pastores que dizem não ter amigos. Não é uma questão de ter ou não ter, mas de cultivar ou não cultivar. Se você tiver de "fazer tempo" para alguma coisa, "faça tempo" para cultivar o amor e o apreço por suas amizades! A recompensa é impagável!

Moisés conhecia não somente a fama de Faraó, mas também suas ações como político poderoso. Deus, além de dar a Moisés um companheiro-amigo, dá também um cajado, com o qual poderia realizar sinais maravilhosos (Êx 4:2): "Toma, pois, este *bordão* [cajado] na mão, com o qual hás de fazer os sinais" (Êx 4:17). O cajado era um símbolo-instrumento muito importante da práxis pastoral de Moisés. A palavra "cajado" aparece 22 vezes em Êxodo. "O cajado de Moisés é um atributo simbólico válido para aquele que pastorearia uma nação para fora do Egito".[26]

Depois de todas essas crises — de 1) *identidade pessoal*, quanto à 2) *identidade de Deus e de seu povo*, de 3) *autoridade*, de 4) *incapacidade e falta de influência* e de 5) *medo* —, Moisés, por fim,

---

[24]Pixley, 1987, p. 27.
[25]Knight, 1977, p. 21.
[26]Wildavsky, 1984, p. 38.

52 Pastoral a caminho

> ... voltou para Jetro, seu sogro, e lhe disse: Deixa-me ir, voltar a
> meus irmãos que estão no Egito para ver se ainda vivem. Disse-lhe
> Jetro: Vai-te em paz. Disse também o Senhor a Moisés, em Midiã:
> Vai, torna para o Egito, porque são mortos todos os que procura-
> vam tirar-te a vida. Tomou, pois, Moisés a sua mulher e os seus
> filhos; fê-los montar num jumento e voltou para a terra do Egito.
> Moisés levava na mão o bordão de Deus (Êx 4:18-20).

"Moisés levava na mão o bordão de Deus" para finalmente ir a Faraó,
como pastor, e ser um instrumento do Deus-Pastor na libertação de
seu povo da vil escravidão dessa comunidade de imigrantes refugia-
dos e sofredores. Moisés estava prestes a se tornar o maior libertador
humano, e certamente seria muito mais honrado e aclamado, tanto
por seus conhecidos quanto pelos famosos do mundo! Ele não chegou com um exército à frente, mas, a semelhança de Jesus de Nazaré,
ao entrar em Jerusalém, estava montado em um jumento!

Por que é importante trilhar essa dramática jornada do chamado
de Moisés, envolto como estava em tantas crises e diálogos que travou
com Deus e Deus com ele? Aaron Wildavsky nos dá uma excelente
chave hermenêutica: "... sem libertar-se de suas próprias dúvidas,
Moisés não poderia liderar os israelitas para fora da escravidão".[27]

Mas também fica o alerta de Timóteo Carriker:

> ... o foco de toda a narrativa não está tanto na personalidade de
> Moisés em si, mas no Deus que o prepara e o chama para ser seu
> agente na realização do seu propósito. Mais uma vez, o relato bí-
> blico confirma que a iniciativa é inteiramente divina — no chama-
> mento e na eleição para serviço.[28]

---

[27] 1984, p. 26.
[28] 2000, p. 54.

Esse transfundo histórico nos prepara para entender a práxis pastoral de Moisés por meio de quatro prioridades que guiaram sua relação com Deus e com o povo a quem serviu como pastor, quais sejam:

1. *libertação*, porque *Deus nos ama*;
2. *aliança*, porque *Deus nos une*;
3. *Lei*, porque *Deus nos ensina*;
4. *Tabernáculo*, porque *Deus nos habita*.

Essas quatro prioridades guiarão o trabalho pastoral de Moisés!

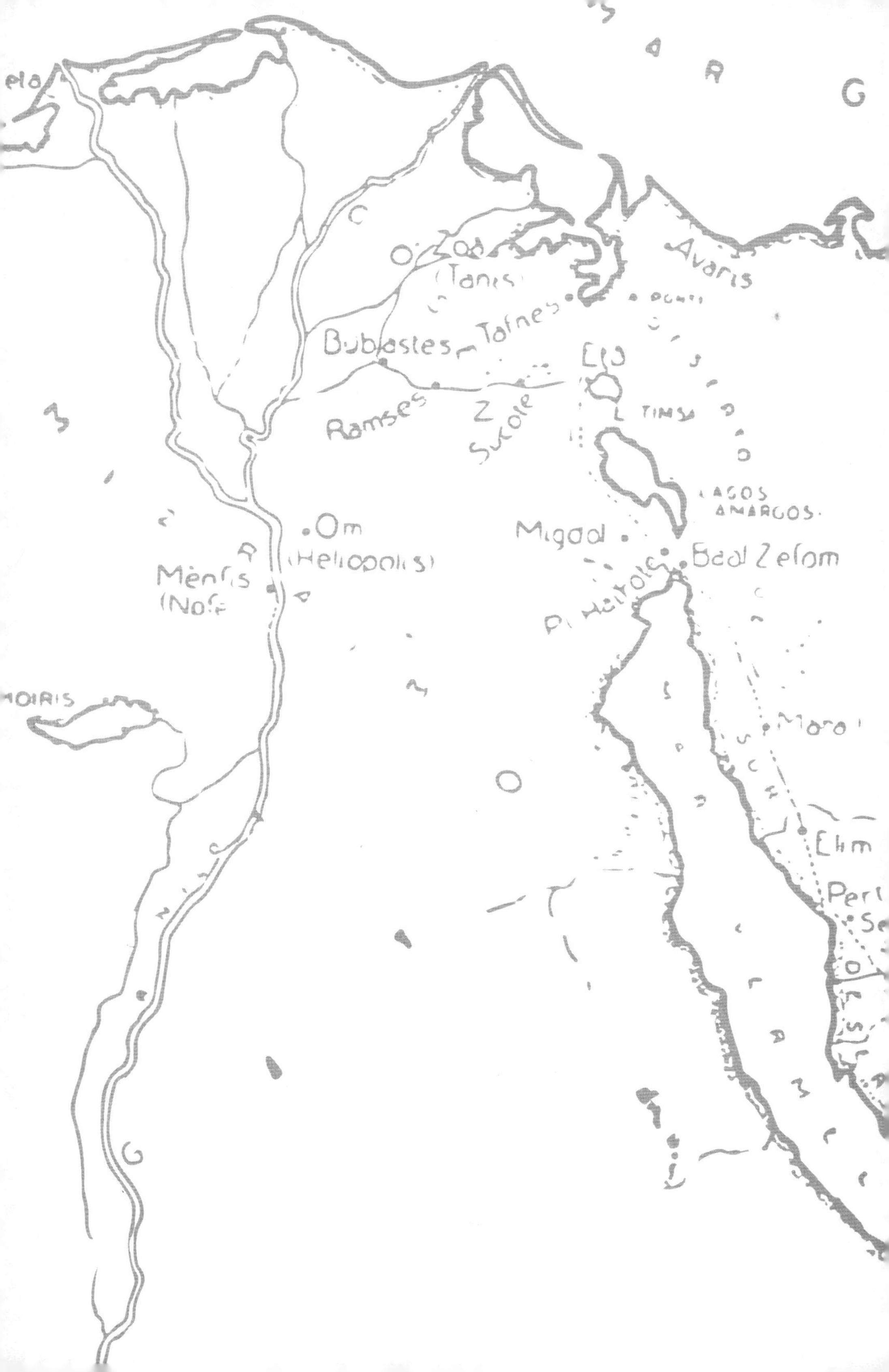
Avaris
(Tanis)
Tafnes
Bublastes
Ramses
Sucote
L. TIMSA
LAGOS AMARGOS
Migdol
Baal Zefom
Om
(Heliopolis)
Mênfis
(Nof)
MOIRIS
Elim

CAPÍTULO 2

LIBERTAÇÃO DA OPRESSÃO

"DEUS NOS AMA"

———

"A PASTORAL É TAMBÉM UM
INSTRUMENTO DE DEUS
PARA QUE A OPRESSÃO SEJA
ENFRENTADA COM LIBERTAÇÃO
(ESPIRITUAL E SOCIAL,
PESSOAL E ESTRUTURAL)."

———

Na Bíblia a libertação é o eixo da ação de Deus que vai desde o Êxodo até a Cruz e se prolonga até a consumação final do Reino de Deus.[29]

O engajamento do povo de Deus no mundo começa, e só pode ter início, com um chamamento de Deus e um encontro pessoal com Ele.[30]

EM TODO O ANTIGO TESTAMENTO, VEMOS O GRANDE AMOR DE Deus por seu povo, Israel, ainda que por várias vezes esse amor precisasse ser expresso por meio de duras correções. A práxis pastoral de Moisés implicava fazer o povo reconhecer um fato: que Deus os amava! Em seu amor, ele não suportou mais ouvir o clamor angustiante de seu povo, fruto da maldade da escravidão. Deus tomou para si essa dor e deliberadamente traçou um plano para libertar Israel, pois seu amor não pôde tolerar a opressão cruel e indigna do Egito. E, assim, Deus viu e ouviu a condição miserável de seu povo no Egito, marcada pela aflição, pelo sofrimento e pela opressão!

E viu Deus os filhos de Israel e atentou para a sua condição (Êx 2:25).

Certamente, *vi a aflição* do meu povo, que está no Egito, e *ouvi o seu clamor* por causa dos seus exatores. Conheço-lhe o sofrimento (Êx 3:7).

Pois o clamor dos filhos de Israel chegou até mim, e também vejo a opressão com que os egípcios os estão oprimindo (Êx 3:9).

Segundo John Topel, "esta é a primeira identificação de Deus como aquele que ouve os humanos na opressão e determina fazer algo por eles".[31] Deus é onisciente — "conheço-lhe o sofrimento" (Êx 3:7).

---

[29]Arias, 1974, p. 34.
[30]Carriker, 2000, p. 59.
[31]1979, p. 3.

58 Pastoral a caminho

Moisés é um "homem do povo oprimido escolhido para ser o agente de sua libertação".[32] Sua práxis pastoral está totalmente incorporada à libertação desse povo oprimido. A pastoral é também um instrumento de Deus para que a opressão seja enfrentada com libertação (espiritual e social, pessoal e estrutural). O chamado de Moisés é uma vocação pastoral-missional. Significa que a pastoral é e está a serviço da missão de Deus. Quando Deus chamou Moisés, ele disse:

> Pois o clamor dos filhos de Israel chegou até mim, e também vejo a opressão com que os egípcios os estão oprimindo. Vem, agora, e eu te enviarei a Faraó, para que tires o meu povo, os filhos de Israel, do Egito (Êx 3:9,10).

Aqui encontramos duas palavras encharcadas de missionalidade: "vá" e "enviarei". A Nova Versão Internacional traduziu esse "Vem, agora..." (da Almeida Revista e Atualizada) com o "Vá, pois, agora..." ("*Vá, pois, agora; eu o envio* ao faraó para tirar do Egito o meu povo, os israelitas", Êx 3:10). "Vá" no hebraico é *yalak*, que significa "ir", "andar", "partir", "prosseguir", "mover", "fazer andar". Essa é a ideia! Deus deseja que Moisés se movimente — uma pastoral a caminho —, coloque-se em marcha e ande na direção daquilo que o próprio Deus quer e propõe. Mas não sem a autoridade do próprio Deus, pois "eu o envio" é *shalach* no hebraico, que além de "enviar" é "despedir", "deixar ir", "estender", "mandar embora", "ser enviado". Moisés não vai por si mesmo, muito menos na própria autoridade, mas, sim, debaixo do poder e da autoridade de Deus! Esse "eu" cresce diante do "vá": "*eu* o envio". Moisés é um embaixador-mensageiro de Deus. É como se o próprio Deus estivesse presente por meio de Moisés!

---

[32]Topel, 1979, p. 3.

O *enviar* de Deus sempre tem um propósito missional-pastoral. Essas duas palavras, "vá" e "envio", aparecem muitas vezes no chamado de Moisés (Êx 3:10,12,14-16; 4:12,27, 6:10; 7:15; 8:1; 9:1; 10:1). A integração entre missão e pastoral é um imperativo. Missão sem pastoral pode se transformar em ativismo-pragmático, que, por vezes, beira a irresponsabilidade por deixar de enxergar a tarefa cuidadora da pastoral. Em contrapartida, pastoral sem missão pode se transformar em manutenção daquilo e daqueles que foram alcançados, os domésticos da fé. A missão empurra a igreja para o mundo (*ad extra*, "para fora"); a pastoral cuida e alimenta a comunidade de fé (*ad intra*, "para dentro").

Deus chama Moisés para ser seu agente pastoral-missional. Quais são os propósitos para libertar Israel da opressão-escravidão? Existe um ponto central? Trata-se de tornar o povo livre para ser liberto? É apenas para viverem em um novo lugar, um lugar bom e espaçoso, uma terra que mana leite e mel? Qual o propósito desse "por isso, desci *a fim de* livrá-lo da mão dos egípcios e para fazê-lo subir daquela terra a uma terra boa e ampla, terra que mana leite e mel; o lugar do cananeu, do heteu, do amorreu, do ferezeu, do heveu e do jebuseu" (Êx 3:8)? A narrativa do Êxodo nos diz que há, pelo menos, três propósitos para essa ação pastoral-missional.

PRIMEIRO PROPÓSITO:
PROCLAMAR O NOME DE DEUS

Decorridos muitos dias, morreu o rei do Egito; os filhos de Israel gemiam sob a servidão e por causa dela clamaram, e o seu clamor subiu a Deus. Ouvindo Deus o seu gemido, lembrou-se da sua aliança com Abraão, com Isaque e com Jacó. E viu Deus os filhos de Israel e atentou para a sua condição (Êx 2:23-25).

O propósito nasce no coração compassivo do próprio Deus, que se sensibilizou com o estado opressivo em que seu povo se encontrava. Foi em meio ao gemido em forma de clamor dos filhos de Israel que Deus "lembrou-se da sua aliança com Abraão, com Isaque e com Jacó". Essa aliança missional não é algo mecânico-funcional, mas, antes, fruto do relacionamento de Deus para com seu povo. Quem é encontrado pelo amor compassivo de Deus outra coisa não faz senão ir em direção ao próximo com o mesmo amor com que foi amado! Mais que uma ordem, a missão é fruto do reconhecimento de como esse Deus "atentou para a sua [nossa] condição" de opressão e nos libertou como fruto de seu amor compassivo, ouvindo nosso gemido e clamor, e estabelecendo conosco uma aliança! Quem não entende isso jamais terá condições de amar o próximo. Para este, missão não passa de mera atividade, que se faz mais com o compromisso de cumprir uma ordem do que como um exercício compassivo por aqueles que ainda gemem e clamam para ser libertos da condição opressiva em que se encontram.

Foi no anúncio da sétima praga, a chuva de pedras, que Deus comunicou esse propósito a Moisés: "para que seja o *meu nome anunciado* em toda a terra":

> Disse o Senhor a Moisés: Levanta-te pela manhã cedo, apresenta-te a Faraó e dize-lhe: Assim diz o Senhor, o Deus dos hebreus: Deixa ir o meu povo, para que me sirva. Pois esta vez enviarei todas as minhas pragas sobre o teu coração, e sobre os teus oficiais, e sobre o teu povo, para que saibas que não há quem me seja semelhante em toda a terra. Pois já eu poderia ter estendido a mão para te ferir a ti e o teu povo com pestilência, e terias sido cortado da terra; mas, deveras, para isso te hei mantido, a fim de mostrar-te o meu poder, e *para que seja o meu nome anunciado em toda a terra* (Êx 9:13-16).

O apóstolo Paulo recorre exatamente a essa expressão quando afirma que a rejeição de Israel não é incompatível com a justiça de Deus, "porque a Escritura diz a Faraó: para isto mesmo te levantei, para mostrar em ti o meu poder e *para que o meu nome seja anunciado por toda a terra*" (Rm 9:17). Essa é a mesma expressão registrada em Êxodo 9:13,16:

> Disse o SENHOR a Moisés: Levanta-te pela manhã cedo, apresenta--te a Faraó e dize-lhe: [...] Deixa ir o meu povo, para que me sirva. [...] e *para que seja o meu nome anunciado em toda a terra*.

É impressionante como ainda muitas pessoas não conseguem enxergar missão no Antigo Testamento! Essa é certamente umas das declarações expressas do desejo missional de Deus: "... para que seja o meu nome anunciado em toda a terra"! O próprio Deus já havia revelado a Moisés, justamente em meio a suas crises (na segunda crise, aquela relativa à identidade de Deus e de seu povo), afirmando:

> EU SOU O QUE SOU. Disse mais: Assim dirás aos filhos de Israel: EU SOU me enviou a vós outros. Disse Deus ainda mais a Moisés: Assim dirás aos filhos de Israel: O SENHOR, o Deus de vossos pais, o Deus de Abraão, o Deus de Isaque e o Deus de Jacó, me enviou a vós outros; este é o meu nome eternamente, e assim *serei lembrado de geração em geração* (Êx 3:14,15).

Como o nome de Deus poderia ser lembrado de geração em geração sem que seu nome fosse anunciado por toda a terra? Ao proclamar o nome de Deus de geração em geração, garante-se a sustentabilidade do reconhecimento do EU SOU por parte das gerações e nações! O propósito de Deus é sempre o mesmo para seu povo, como veremos agora.

62 Pastoral a caminho

Ele nos chama e nos envia (propósito missional) para proclamar

A proclamação é tema central em toda a narrativa bíblica. Em Salmos 68:34, lemos: "Tributai glória a Deus; a sua majestade está sobre Israel, e a sua fortaleza, nos espaços siderais". "Cantai ao SENHOR, todas as terras; *proclamai* a sua salvação, dia após dia. *Anunciai* entre as nações a sua glória, entre todos os povos, as suas maravilhas", diz 1Crônicas 16:23,24 (veja tb. Sl 9:11; 96:2; Jr 50:2).

Jesus também disse: "... enviou-me para *proclamar* libertação aos cativos" (Lc 4:18). O custo de seguir Jesus implica a seguinte ordem: "tu, porém, vai e *prega* o reino de Deus" (Lc 9:60).

Paulo afirma: "Suplicai, ao mesmo tempo, também por nós, para que Deus nos abra porta à palavra, a fim de *falarmos* do mistério de Cristo" (Cl 4:3). João acrescenta: "O que era desde o princípio, o que temos ouvido, o que temos visto com os nossos próprios olhos, o que contemplamos, e as nossas mãos apalparam, com respeito ao Verbo da vida (e a vida se manifestou, e nós a temos visto, e dela damos testemunho, e vo-la *anunciamos*, a vida eterna, a qual estava com o Pai e nos foi manifestada), o que temos visto e ouvido *anunciamos* também a vós outros" (1Jo 1:1,2). Pedro diz que somos "raça eleita, sacerdócio real, nação santa, povo de propriedade exclusiva de Deus, *a fim de proclamardes* as virtudes daquele que vos chamou das trevas para a sua maravilhosa luz" (1Pe 2:9).

Essa sequência de ênfases, ainda que não relacionada de forma direta à pastoral de Moisés, revela um *cantus firmus* ("canto fixo") em toda a narrativa bíblica. Deus chamou e enviou Moisés a Faraó com uma orientação clara: "... apresenta-te a Faraó e dize-lhe [...] 'para que seja o meu nome anunciado em toda a terra'" (Êx 9:13,16).

Ele nos chama e nos envia (propósito missional) para proclamar seu nome

A questão central aqui é a identidade de Deus. Deus tem um nome: Yahweh ("Eu Sou o que Sou"). Era preciso ficar totalmente claro a Faraó que o nome dele como rei estava geograficamente restrito, mas o nome de Deus está acima das divisas geográficas, pois seu nome será lembrado de geração em geração, anunciado por toda a terra!

O nome de Deus está acima do nome de Faraó, que precisa estar consciente disso. E foi para essa tarefa missional que Deus enviou Moisés. Faraó haveria de ver o poder desse nome em ação, sobretudo no envio das dez pragas. Faraó não mais seria adorado pelos judeus, "porque não adorarás outro deus; pois o nome do Senhor é Zeloso; sim, Deus zeloso é ele" (Êx 34:14).

A tarefa missional dada a Moisés, como também a cada um de nós e consequentemente à igreja, é uma lembrança de que não devemos proclamar nosso nome, tampouco o de nossa igreja, que é tendência ou tentação dos construtores da torre de Babel em suas motivações: "tornemos célebre *o nosso nome*" (Gn 11:4). Que fique claro: "Eu sou o Senhor, este é o *meu nome*; a minha glória, pois, não a darei a outrem" (Is 42:8).

Quando cientes de quem somos e de quem Deus é, não resta outra atitude a não ser reconhecer: "não a nós, Senhor, não a nós, mas ao *teu nome* dá glória" (Sl 115:1).

Ele nos chama e nos envia (propósito missional) para proclamar seu nome em toda a terra

Deus estava comprometido não apenas com Israel, seu povo escolhido, mas com todos os povos de toda a terra. "Em toda a terra" é um tema poderoso em toda a Bíblia e, de modo específico, nas dez pragas. Perceba a ênfase:

64 Pastoral a caminho

1. *Na primeira praga: as águas tornam-se em sangue*

... haja sangue *em toda a terra do Egito*, tanto nos vasos de madeira como nos de pedra. [...] De sorte que os peixes que estavam no rio morreram, o rio cheirou mal, e os egípcios não podiam beber a água do rio; e houve sangue *por toda a terra do Egito* (Êx 7:19,21).

2. *Na terceira praga: piolhos*

Disse o SENHOR a Moisés: Dize a Arão: Estende o teu bordão e fere o pó da terra, para que se torne em piolhos *por toda a terra do Egito*. Fizeram assim; Arão estendeu a mão com seu bordão e feriu o pó da terra, e houve muitos piolhos nos homens e no gado; todo o pó da terra se tornou em piolhos *por toda a terra do Egito* (Êx 8:16,17).

3. *Na quarta praga: moscas*

Assim fez o SENHOR; e vieram grandes enxames de moscas à casa de Faraó, e às casas dos seus oficiais, e *sobre toda a terra do Egito*; e a terra ficou arruinada com estes enxames (Êx 8:24).

4. *Na sexta praga: úlceras*

Ela se tornará em pó miúdo *sobre toda a terra do Egito* e se tornará em tumores que se arrebentem em úlceras nos homens e nos animais, *por toda a terra do Egito* (Êx 9:9).

5. *Na sétima praga: chuva de pedras*

... esta vez enviarei todas as minhas pragas sobre o teu coração, e sobre os teus oficiais, e sobre o teu povo, para que saibas que não há quem me seja semelhante *em toda a terra*. [...] Então, disse o Senhor a Moisés: Estende a mão para o céu, e cairá chuva de pedras em toda a terra do Egito, sobre homens, sobre animais e sobre toda planta do campo *na terra do Egito*. [...] De maneira que havia chuva de pedras e fogo misturado com a chuva de pedras tão grave, qual nunca houve *em toda a terra do Egito*, desde que veio a ser uma nação. *Por toda a terra do Egito* a chuva de pedras feriu tudo quanto havia no campo, tanto homens como animais; feriu também a chuva de pedras toda planta do campo e quebrou todas as árvores do campo (Êx 9:14,22,24,25).

6. *Na oitava praga: gafanhotos*

... subiram os gafanhotos *por toda a terra do Egito* e pousaram sobre todo o seu território; eram mui numerosos; antes destes, nunca houve tais gafanhotos, nem depois deles virão outros assim. Porque cobriram a superfície *de toda a terra*, de modo que a terra se escureceu; devoraram toda a erva da terra e todo fruto das árvores que deixara a chuva de pedras; e não restou nada verde nas árvores, nem na erva do campo, *em toda a terra do Egito* (Êx 10:14,15).

7. *Na nona praga: trevas*

Estendeu, pois, Moisés a mão para o céu, e houve trevas espessas *sobre toda a terra do Egito* por três dias (Êx 10:22).

8. *Na décima praga: morte dos primogênitos*

Haverá grande clamor *em toda a terra do Egito*, qual nunca houve, nem haverá jamais... (Êx 11:6).

Livres e libertos da escravidão dos 430 anos no Egito, Deus chama Moisés para perto de si, no monte Sinai, e lhe transmite seu pacto-relacionamento para com seu povo, contendo a cláusula condicional "se": "Agora, pois, *se* diligentemente ouvirdes a minha voz e [*se*] guardardes a minha aliança, então, sereis a minha propriedade peculiar dentre todos os povos..." (Êx 19:5). Em seguida, Deus lhe oferece uma explicação-justificativa que o autoriza e legitima a fazer tal aliança: "... *porque toda a terra é minha*; vós me sereis reino de sacerdotes e nação santa. São estas as palavras que falarás aos filhos de Israel" (Êx 19:5). E, por fim, Deus relembra seu povo de sua aliança e o admoesta contra a infidelidade, agora com as segundas tábuas da Lei: "Eis que faço uma aliança; diante de todo o teu povo farei maravilhas que nunca se fizeram *em toda a terra*, nem entre nação alguma, de maneira que todo este povo, em cujo meio tu estás, veja a obra do SENHOR; porque coisa terrível é o que faço contigo" (Êx 34:10).

Está absolutamente claro que o próprio Deus estava mostrando que seu nome está acima de toda a terra e em toda a terra. Ele é o supremo governador do mundo, e não Faraó, que estava geograficamente limitado a "toda a terra *do Egito*". Deus revelou a Faraó, por meio das dez pragas, que este não tinha domínio em seu território. Diferentemente de Faraó, ou de qualquer político humano, Deus é Deus sobre toda a terra porque "não há quem me seja semelhante *em toda a terra*" (Êx 9:14).

Que tarefa missional gloriosa: 1) anunciar-proclamar 2) o nome de Deus 3) em toda a terra! Trata-se da tríade missional "agente-Deus-receptores". Os agentes somos nós, os que anunciamos; quem nos envia é Deus, cujo nome é poderoso; os destinatários são todos os povos da terra!

Certamente essa tríade missional não teve nenhuma alteração para nós nos dias de hoje!

SEGUNDO PROPÓSITO:
ADORAR (SERVIR)
A DEUS

O segundo propósito pastoral-missional é *adorar a Deus*. O nome de Deus deve ser proclamado em toda a terra porque Deus deve ser adorado. *Proclamar* tem por propósito tornar Deus conhecido. *Adorar* tem por propósito tonar Deus o único reconhecido e o único suficiente para nossa vida.

O texto bíblico que expressa essa verdade com clareza, em um único bloco e de modo condensado e profundo, é o salmo 67:

> Seja Deus gracioso para conosco, e nos abençoe, e faça resplandecer sobre nós o rosto; para que se conheça na terra o teu caminho e, em todas as nações, a tua salvação. Louvem-te os povos, ó Deus; louvem-te os povos todos. Alegrem-se e exultem as gentes, pois julgas os povos com equidade e guias na terra as nações. Louvem-te os povos, ó Deus; louvem-te os povos todos. A terra deu o seu fruto, e Deus, o nosso Deus, nos abençoa. Abençoe-nos Deus, e todos os confins da terra o temerão.

Perceba nesse salmo os dois movimentos que temos enfatizado: *proclamação* e *adoração*! A graça de Deus, que é derramada sobre seu povo — "Seja Deus *gracioso* para conosco, e nos *abençoe*" —, não é graça apenas para nós. É graça *para*... Uma leitura não missional da Bíblia é altamente alienante e destrói os propósitos de Deus para nós, seu povo. "Para" indica finalidade, e a finalidade é missional: "... *para que* se conheça na terra o teu caminho e, em todas as nações, a tua salvação [nossa missão]". A graça que nos alcança é a mesma que nos envia. Envia-nos para que outros experimentem o que experimentamos: viver (no caminho) com esse Deus que salva!

Essa graça, que nos envia para que outros ("todas as nações") possam ter o que temos ("a tua salvação"), tem propósito claro: "Louvem-te os povos, ó Deus; louvem-te os povos todos. Alegrem-se e exultem as gentes, pois julgas os povos com equidade e guias na terra as nações. Louvem-te os povos, ó Deus; louvem-te os povos todos". A *proclamação* revela e torna conhecido quem Deus é! A *adoração* nos leva a um relacionamento íntimo com Deus!

Adoração implica servir e ter relacionamento com o Deus único. Terence Freitheim diz que "adoração é um tema central de Êxodo...".[33] A fidelidade de Israel na adoração é vista como absolutamente central para sua vida como povo de Deus. Há cerca de vinte referências em Êxodo à "adoração" (3:12; 4:23; 7:16; 8:1,20; 9:1,12; 10:3,7,8,11,24,26; 12:31; 20:5; 23:24,25,33; 24:1; 34:14). A primeira referência encontra-se em Êxodo 3:12, que diz: "Deus lhe respondeu: Eu serei contigo; e este será o sinal de que eu te enviei: depois de haveres tirado o povo do Egito, *servireis a Deus* neste monte".

Cumpre destacar também que muitas vezes o hebraico *'ābad* ou *'avadh* é traduzido por "servir", como em Êxodo 3:12: "... servireis a Deus neste monte". Como alguém serviria a Deus em um monte? É o mesmo que acontece com a expressão "serviço da missa" ou "serviço fúnebre", que indicam que um culto é prestado, assim como a expressão inglesa *worship service* (literalmente, "serviço de adoração ou de culto"). Assim, muitas vezes a palavra "servir" ("servireis", "servi" etc.) tem o sentido de "adoração". Em algumas versões inglesas da Bíblia (como a NIV), *'ābad* é traduzido por "adoração", como, por exemplo, em Êxodo 4:23: "Let my son go, so he may *worship* me" (lit., "Deixe meu filho ir para que possa me *adorar*"; na ARA: "Digo-te, pois: deixa ir meu filho, para que me *sirva*".

---

[33] 1991, p. 20-1.

Observe como a expressão "para que me sirva" está fortemente presente nas pragas:

1. *Na primeira praga: as águas tornam-se em sangue*

> ... lhe dirás: O Senhor, o Deus dos hebreus, me enviou a ti para te dizer: Deixa ir o meu povo, *para que me sirva* no deserto; e, até agora, não tens ouvido (Êx 7:16).

2. *Na segunda praga: rãs*

> Depois, disse o Senhor a Moisés: Chega-te a Faraó e dize-lhe: Assim diz o Senhor: Deixa ir o meu povo, *para que me sirva* (Êx 8:1).

3. *Na quarta praga: moscas*

> Disse o Senhor a Moisés: Levanta-te pela manhã cedo e apresenta-te a Faraó; eis que ele sairá às águas; e dize-lhe: Assim diz o Senhor: Deixa ir o meu povo, *para que me sirva* (Êx 8:20).

4. *Na quinta praga: peste nos animais*

> Disse o Senhor a Moisés: Apresenta-te a Faraó e dize-lhe: Assim diz o Senhor, o Deus dos hebreus: Deixa ir o meu povo, *para que me sirva* (Êx 9:1).

5. *Na sétima praga: chuva de pedras*

> Disse o Senhor a Moisés: Levanta-te pela manhã cedo, apresenta-te a Faraó e dize-lhe: Assim diz o Senhor, o Deus dos hebreus: Deixa ir o meu povo, *para que me sirva* (Êx 9:13).

70 Pastoral a caminho

6. *Na oitava praga: gafanhotos*

> Apresentaram-se, pois, Moisés e Arão perante Faraó e lhe disseram: Assim diz o SENHOR, o Deus dos hebreus: Até quando recusarás humilhar-te perante mim? Deixa ir o meu povo, *para que me sirva* (Êx 10:3).

7. *Na nona praga: trevas*

> ... também os nossos rebanhos irão conosco, nem uma unha ficará; porque deles havemos de tomar, *para servir* ao SENHOR, nosso Deus, e não sabemos com que havemos de servir ao SENHOR, até que cheguemos lá (Êx 10:26).

É nítido o refrão "deixa meu povo ir, para que me sirva [adore]". Está claro que um dos propósitos em libertar o povo de Israel da escravidão do Egito é para que o povo sirva/adore exclusivamente a Deus. Como já ressaltamos, a expressão "para que" indica finalidade. O povo finalmente estaria livre da máquina opressora egípcia e passaria a se relacionar com o grande libertador de sua vida: Yahweh!

O anúncio da oitava praga — o enxame de *gafanhotos* vorazes e famintos — fez com que os oficiais de Faraó manifestassem a intenção de não mais resistir a Deus, e assim disseram: "Até quando nos será por cilada este homem? *Deixa ir os homens, para que sirvam ao SENHOR, seu Deus.* Acaso, não sabes ainda que o Egito está arruinado?" (Êx 10:7). Os próprios oficiais de Faraó declararam com seus lábios o propósito de Deus: "Deixa ir os homens, *para que sirvam ao SENHOR, seu Deus*". Parecem ter entendido que a questão central é que Deus não tolerava ver seu povo debaixo do jugo da idolatria, uma vez que o Egito era uma fábrica de deuses.

Contudo, a dureza do coração de Faraó não permitiu que deixasse o povo sair. Foram ainda necessárias mais duas pragas para que isso finalmente acontecesse: a nona praga (a das trevas) e a décima praga (a da morte dos primogênitos). E foi na décima praga que por fim Faraó não mais resistiu. Possivelmente cheio de ira, explodiu com a seguinte fala, na noite em que ecoava o grito de desespero por causa da morte:

> ... naquela mesma noite, Faraó chamou a Moisés e a Arão e lhes disse: Levantai-vos, saí do meio do meu povo, tanto vós como os filhos de Israel; *ide, servi ao* Senhor, como tendes dito (Êx 12:31)

Uma coisa Faraó estava completamente certo em dizer: "levantai-vos, saí do meio do meu povo". Ou seja, vocês não são "meu povo"; vocês são "filhos de Israel". Isso mesmo, não eram "filhos do Egito". E agora sai da própria boca de Faraó, não mais dos oficiais, a frase: "ide, servi ao Senhor". E assim Faraó permite que os israelitas levem com eles as ovelhas e os gados.

Por fim, arrasado e desfalecido por tudo de ruim que as pragas haviam causado ao Egito, Faraó, ao dar sua permissão, faz o seguinte pedido a Moisés e a Arão: "ide-vos embora e abençoai-me também a mim". Que cena dramática! E Moisés e Arão fizeram o que o Faraó pediu? Não o sabemos, mas é possível que sim, pois somos informados de que "fizeram, pois, os filhos de Israel conforme a palavra de Moisés e pediram aos egípcios objetos de prata, e objetos de ouro, e roupas. E o Senhor fez que seu povo encontrasse favor da parte dos egípcios, de maneira que estes lhes davam o que pediam. E despojaram os egípcios" (Êx 12:35,36).

Os egípcios estavam tão consumidos e convencidos pela dor, que atenderam ao pedido de Israel para que esse povo sumisse o mais rápido possível da presença deles!

72 Pastoral a caminho

Na terra dos deuses, há o reconhecimento de que Deus é Senhor de toda a terra, o único digno de ser adorado. Este é o pano de fundo evocado pelo próprio Deus quando ele mesmo introduz os Dez Mandamentos, para que não pairasse nenhuma sombra de dúvidas:

Então, falou Deus todas estas palavras: Eu sou o SENHOR, *teu Deus, que te tirei da terra do Egito, da casa da servidão.* Não terás outros deuses diante de mim. Não farás para ti imagem de escultura, nem semelhança alguma do que há em cima nos céus, nem embaixo na terra, nem nas águas debaixo da terra. Não as adorarás, nem lhes darás culto; porque eu sou o SENHOR, teu Deus, Deus zeloso, que visito a iniquidade dos pais nos filhos até à terceira e quarta geração daqueles que me aborrecem e faço misericórdia até mil gerações daqueles que me amam e guardam os meus mandamentos (Êx 20:1-6).

Servireis ao SENHOR, *vosso Deus...* (Êx 23:25).

Livres para não ter mais de servir a Faraó como escravos, o povo agora serve a Deus, que não oprime, mas liberta!

TERCEIRO PROPÓSITO:
CELEBRAR A FESTA
DO E PARA O SENHOR

O terceiro motivo para a libertação de Israel da opressão do Egito foi para que celebrasse uma festa ao Senhor. Êxodo 5:1 diz: "Depois, foram Moisés e Arão e disseram a Faraó: Assim diz o SENHOR, Deus de Israel: Deixa ir o meu povo, *para que me celebre uma festa no deserto*".

Esse povo seria liberto para celebrar uma festa como expressão de adoração a Deus — a celebração da libertação. Era a celebração da Páscoa, a celebração do dia em que o Senhor libertou seu povo. A celebração seria um momento de lembrança do grande dia em que Deus trouxera seu povo a uma nova terra. Todos tinham de participar desse festival ao Senhor. Moisés disse a Faraó: "Respondeu-lhe Moisés: Havemos de ir com os nossos jovens, e com os nossos velhos, e com os filhos, e com as filhas, e com os nossos rebanhos, e com os nossos gados; havemos de ir, *porque temos de celebrar festa ao* Senhor" (Êx 10:9).

Deus ensinou a Moisés e a Arão sobre a Páscoa. Ele disse: "Este dia vos será por memorial, e o *celebrareis* como solenidade ao Senhor; nas vossas gerações o *celebrareis* por estatuto perpétuo" (Êx 12:14). Era a celebração da "Festa dos Pães Asmos" (Êx 12:17), o "sacrifício da Páscoa ao Senhor, que passou por cima das casas dos filhos de Israel no Egito, quando feriu os egípcios e livrou as nossas casas" (Êx 12:27). Na verdade, uma festa de agradecimento pela libertação dos 430 anos de sofrimento no Egito, uma recordação perpétua do "dia, em que saístes do Egito, da casa da servidão; pois com mão forte o Senhor vos tirou de lá; portanto, não comereis pão levedado" (Êx 13:3).

Precisamos ter em mente que Israel estava vivendo em condições de exploração, brutalidade e genocídio. Portanto, a libertação do Egito teve, pelo menos, três movimentos pastorais-missionais:

1. *da libertação para a proclamação*: Deus liberta seu povo porque deseja que o nome do próprio Deus seja proclamado em toda a terra.
2. *da libertação da idolatria para um relacionamento exclusivo e próximo com Deus*: Deus deseja ser adorado com exclusividade.

3. *da libertação para a celebração*: Deus liberta seu povo porque quer que seu povo seja feliz e o celebre.

Pastoralmente falando, a igreja, como povo de Deus, ainda tem a mesma tarefa. É a tarefa de proclamar o nome de Deus em toda a terra, uma tarefa ainda inacabada e vastíssima. Nossa missão continua a ser a de tornar o nome de Deus conhecido em toda a terra. Empenhemo-nos em proclamar seu nome, e não o nome da igreja. Deus não mudou de nome. Continua sendo Eu Sou o que Sou. Continua sendo Yahweh! Deus quer ser reconhecido como o Deus de todas as nações, de todos os povos, em toda a terra.

A igreja, como povo eleito de Deus, é chamada para adorar Aquele que a criou. A igreja não é um fim em si mesma, porque não existe para si. É, sim, um canal (instrumento) para cumprir a missão e os propósitos de Deus em toda a terra. Seu propósito último é a glória de Deus por meio dos verdadeiros adoradores, que

> ... adorarão o Pai em espírito e em verdade; porque são estes que o Pai procura para seus adoradores. Deus é espírito; e importa que os seus adoradores o adorem em espírito e em verdade (Jo 4:23,24).

E a igreja, na qualidade de povo de Deus, é ainda chamada a celebrar seu Deus. A festa/festival só pode existir e ser celebrada se existir o eterno reconhecimento daquilo que o próprio Deus fez por seu povo, "que, antes, não éreis povo, mas, agora, sois povo de Deus, que não tínheis alcançado misericórdia, mas, agora, alcançastes misericórdia" (1Pe 2:10). Deixou o *status* de "Não-Meu-Povo" (Os 1:9; 2:23) para se transformar em "raça eleita, sacerdócio real, nação santa, povo de propriedade exclusiva de Deus" (1Pe 2:9). O novo *status* não é para nos vangloriarmos do que somos e para ser o que somos como um fim em nós mesmos. O corretivo para essa tentação, a de nos acharmos merecedores e melhores que os demais, é a missão: "... *a fim de* proclamardes as virtudes daquele que vos chamou das trevas para a sua maravilhosa luz" (1Pe 2:9). Somos o que somos porque ele o quis; somos o que somos para sermos luz do mundo e sal da terra.

E onde o somos? Dentro da igreja? Jesus responde:

> Não se pode esconder a cidade edificada sobre um monte; nem se acende uma candeia para colocá-la debaixo do alqueire, mas no velador, e alumia a todos os que se encontram na casa. Assim brilhe também a vossa luz diante dos homens, para que vejam as vossas boas obras e glorifiquem a vosso Pai que está nos céus (Mt 5:14-16).

A arena do exercício de nossa *identidade missional* é o mundo — "Vós sois a luz do mundo" (Mt 5:14) —, onde nos é requerido manter "exemplar o vosso procedimento no *meio dos gentios*, para que, naquilo que falam contra vós outros como de malfeitores, observando-vos em vossas boas obras, glorifiquem a Deus no dia da visitação" (1Pe 2:12). O lugar da missionalidade do povo de Deus não é atrás, à frente, ao lado ou acima dos gentios, mas *no meio deles*. É ali, no meio, que mostramos que estamos no mundo e, paradoxalmente, somos libertos do mundo! E isso é mérito de Yahweh, que pintou nosso coração com o sangue de seu Filho para não sermos mais escravos dos Faraós do Egito, e sim livres, porque "Cristo, nosso Cordeiro pascal, foi imolado" (1Co 5:7). E, por consequência, "*celebremos a festa* não com o velho fermento, nem com o fermento da maldade e da malícia, e sim com os asmos da sinceridade e da verdade" (1Co 5:8).

76 Pastoral a caminho

Mark Glanville faz uma descrição que nos leva a imaginar esse cenário emocionante:

> As festas de Israel são uma imagem evocativa da vida e missão de uma comunidade de adoração hoje. Enquanto a comunidade da Antiga Aliança se banqueteava diante do Senhor, os forasteiros eram surpreendidos no relacionamento alegre da comunidade de adoração com seu Deus. Por meio dessa rica vida compartilhada, vivida diante do Senhor, os estrangeiros também viriam a conhecer e amar a Yahweh, o Deus de Israel. Para as comunidades de adoração de hoje, a missão começa com uma vida compartilhada de celebração, inclusão, parentesco, adoração e justiça. Ao vivermos desta forma, sendo uma comunidade de contraste, nossa vizinhança perceberá e será envolvida na alegria e na cura do Reino de Deus.[34]

Trata-se da grande celebração da libertação da terra da escravidão. A igreja segue adiante celebrando seu Deus-Libertador. É uma festa sagrada, uma memória enriquecida e ativada pela gratidão que leva seu povo a se comprometer com a extraordinária causa de proclamar, adorar e celebrar seu Deus e seus grandes feitos, como atos de amor que se estendem ao seu povo com o propósito de alcançar todos os povos da terra e, assim, ter seu nome lembrado de geração em geração!

Essa é a primeira ação pastoral-missional de Moisés: libertar o povo de Deus da opressão! Tal processo revela esse Deus de amor que não tolera opressão alguma.

---

[34] 2019, p. 136-7.

O segundo aspecto da ação pastoral-missional de Moisés, decorrente desse amor libertador, é unir seu povo por meio de uma aliança que pavimenta os estatutos dessa relação, o que veremos no próximo capítulo.

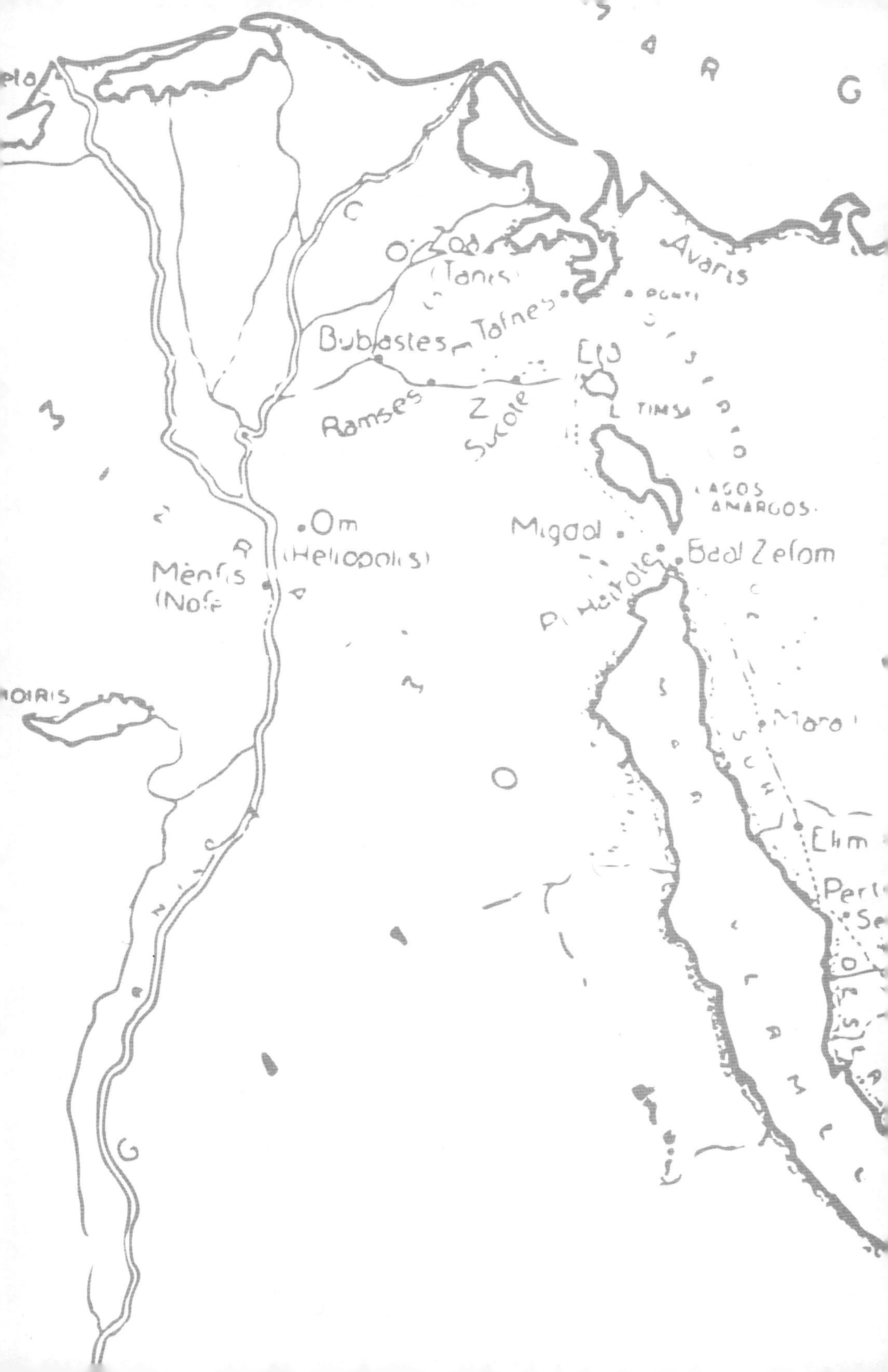

(Tanis)
Avaris
Tafnes
Ramses
Sucote
TIMSA
LAGOS
AMARGOS
Migdol
Baal Zefom
•Om
(Heliopolis)
Mênfis
(Nof)
Elim

CAPÍTULO 3

ESTRUTURA DA ALIANÇA

"DEUS NOS UNE"

―――――――

"ESSA É UMA CARACTERÍSTICA DO PACTO/ALIANÇA DE DEUS: PRIMEIRO DEMOSTRA SEU AMOR EM AÇÕES CONCRETAS, PARA DEPOIS, E COM BASE NISSO, REQUERER DESSE POVO OBEDIÊNCIA A SUA LEI E A SUA ALIANÇA. O INDICATIVO (O QUE DEUS FAZ) GERALMENTE PRECEDE O IMPERATIVO (O QUE ELE REQUER QUE SEU POVO FAÇA E OBEDEÇA)."

―――――――

O SENHOR TIROU ISRAEL DO EGITO, QUE FOI CHAMADO "CASA da servidão" (Êx 13:14). Israel, como povo de Deus, foi liberto por esse mesmo Deus sob a liderança pastoral de Moisés, tendo seu irmão, Arão, sempre ao seu lado. Como já ressaltamos, Deus libertou Israel para proclamar seu nome em toda a terra, para adorá-lo e celebrá-lo, sendo o único verdadeiro e poderoso soberano.

Agora avançaremos para entender que, uma vez tendo libertado seu povo, Deus precisava fornecer o fundamento, ou seja, sua aliança e sua Lei, para essa nova sociedade chamada Israel. A aliança e a Lei eram as bases que forneceriam e estabeleceriam a identidade de Israel como povo de Deus. Israel esteve no Egito por 430 anos. Isso significa dizer que esse povo não tinha identidade como povo de Deus. Muito dessa identidade estava relacionado com o modo de ser do Egito. Deus sabia que precisava construir o fundamento no qual Israel viveria (aliança), obedeceria (Lei) e caminharia (na presença) com ele. Focaremos agora então na aliança de Deus para com seu povo. "A história da libertação do Egito seria incompleta sem a sequência da aliança."[35] A aliança do Sinai (expressa e desenvolvida na teologia da aliança) é central na história de Israel. É central porque "Êxodo 19 a Números 10:10 é dedicado à descrição da estada de Israel no Sinai".[36]

A responsabilidade pastoral-missional de Moisés agora era conscientizar Israel de que Deus nos une. A primeira ação de Deus foi mostrar seu amor ao libertar seu povo. Agora, requer a obediência de seu povo para consigo mesmo, expresso em seus mandamentos e em sua aliança. Essa é uma característica do pacto/aliança de Deus: primeiro demonstra seu amor em ações concretas, para depois, e com base nisso, requerer desse povo obediência a

---

[35]Plastaras, 1966, p. 202.
[36]Plastaras, 1966, p. 202.

82 Pastoral a caminho

sua lei e a sua aliança. O *indicativo* (o que Deus faz) geralmente precede o *imperativo* (o que ele requer que seu povo faça e obedeça). Devemos observar que

> ... a ordem dos eventos centrais no livro de Êxodo é teologicamente importante. Primeiro vem a obra redentora de Deus em favor do povo. Isso serve para fundamentar sua existência precária na libertação de inimigos históricos e cósmicos que Deus realiza em seu favor. O povo eleito é agora o povo redimido. Só então a lei é dada no Sinai. A lei é um presente para uma comunidade já redimida. A lei não é o meio pelo qual o relacionamento com Deus é estabelecido; Deus redime à parte da obediência humana. Mas então a preocupação com a lei de repente preenche a cena, não apenas no Êxodo, mas no restante do Pentateuco. O ponto central para essa questão é a fidelidade de Deus somente, particularmente conforme manifestada na adoração adequada [...] A obediência permanece central por causa do testemunho e da missão para o mundo.[37]

Israel era uma classe de pessoas pobres no Egito. O livro do Êxodo apresenta "a base constitucional da nova sociedade do povo de Yahweh, o Deus libertador".[38] Moisés, mais uma vez, seria o agente para transmitir o que Deus queria que seu povo seguisse: "Subiu Moisés a Deus, e do monte o SENHOR o chamou e lhe disse: Assim *falarás* à casa de Jacó e *anunciarás* aos filhos de Israel" (Êx 19:3). Deus confere a Moisés essa responsabilidade pastoral-ensinadora: falarás e ensinarás!

Podemos afirmar que, no processo de libertação, Deus usou Moisés como profeta, e agora (no Sinai) o usa como mestre, pois

---

[37]Freitheim, 1991, p. 22.
[38]Pixley, 1987, p. 118.

"Yahweh endossou Moisés como o autêntico representante do Deus do êxodo".[39] Jetro, o sogro de Moisés, disse-lhe: "Ouve, pois, as minhas palavras; eu te aconselharei, e Deus seja contigo; representa o povo perante Deus, leva as suas causas a Deus, *ensina-lhes* os estatutos e as leis e *faze-lhes saber* [mostra] o caminho em que devem andar e a obra que devem fazer" (Êx 18:19,20). Essa é uma pastoral pedagógica, que implica ensinar e apontar para algo.

Minha intenção, neste momento, não é estudar a Lei em seus detalhes e pormenores (o que é necessário e fascinante, principalmente por seu aspecto ético-social), mas, sim, examinar o propósito dos aspectos pastorais-missionais da aliança do povo liberto:

> No terceiro mês da saída dos filhos de Israel da terra do Egito, no primeiro dia desse mês, vieram ao deserto do Sinai [...] Subiu Moisés a Deus, e do monte o Senhor o chamou e lhe disse: Assim falarás à casa de Jacó e anunciarás aos filhos de Israel: Tendes visto o que fiz aos egípcios, como vos levei sobre asas de águia e vos cheguei a mim (Êx 19:1,3,4).

Que momento emocionante! Deus tinha acabado de transmitir a Moisés o propósito da aliança. Deus estabeleceu uma nova relação com sua nova sociedade, dizendo: "Agora, pois, se diligentemente ouvirdes a minha voz e guardardes a minha aliança, então, sereis a minha propriedade peculiar dentre todos os povos; porque toda a terra é minha" (Êx 19:5). Obedecer e guardar sempre são pré-condições no relacionamento entre Deus e seu povo. Essa condicionalidade em nada diz respeito a Israel se tornar ou não povo de Deus, pois, na verdade, Israel já era o povo eleito. Costas diz:

---

[39]Pixley, 1987, p. 126.

O "se diligentemente ouvirdes a minha voz" dessa passagem não é uma condição para se tornar "possessão própria" de Yahweh; pelo contrário, é a caracterização de *ser* propriedade de Yahweh. Ser o Povo da Aliança *é* viver como um povo redimido — em obediência, submissão e estado de alerta ao mundo de Deus. Israel deve ser distinguido das outras nações por sua obediência a Yahweh. A libertação do Egito é um sinal de seu relacionamento especial com Deus. Israel será o povo redimido que obedece à voz e segue os preceitos do Senhor da história.[40]

Qual é o ponto central aqui?

É um convite para ser um povo que realiza os propósitos de Deus no mundo. A maneira de ser esse tipo de povo é guardar o pacto; e guardar o pacto é ser esse tipo de povo. A condição seria que o Israel desobediente não poderia ser o tipo de povo de Deus que os chamou para ser e, portanto, Deus não iria usá-los para seu propósito como Deus intencionava.[41]

Essa obediência está necessariamente relacionada às outras nações. Israel deve manter a aliança "não por amor a si mesmo, mas por amor ao mundo".[42] E foi para esse propósito que Deus impôs três responsabilidades pactuais a Israel, que os identificariam como povo de Yahweh:

1. ser *propriedade peculiar* de Deus;
2. ser um *reino de sacerdotes*;
3. ser uma *nação santa*.

---

[40]1982a, p. 28.
[41]Freitheim, 1991, p. 213.
[42]Freitheim, 1991, p. 213.

PRIMEIRA RESPONSABILIDADE:
SER PROPRIEDADE PECULIAR DE DEUS —
"*DENTRE* TODAS AS NAÇÕES"

> Agora, pois, se diligentemente ouvirdes a minha voz e guardardes
> a minha aliança, então, sereis a minha propriedade peculiar dentre
> todos os povos; porque toda a terra é minha (Êx 19:5).

A palavra "propriedade" (סְגֻלָּה, *sĕgūllāh* ou *segullah*) significa "possessão", "propriedade de valor", "tesouro peculiar", "algo que é amado",
"desejado", "apreciado" e "estimado". Israel tem a oportunidade de ser
o tesouro de Deus entre todas as nações. Se, de um lado, esse era um
grande privilégio, de outro era também uma tremenda responsabilidade. Mas não há privilégio sem responsabilidade. A responsabilidade de ser propriedade de Deus, povo especial entre todos os povos,
visa a um propósito único: cumprir a missão de Deus.

O apóstolo Pedro usa essa referência (a partir de Êx 19:5) para
justamente sublinhar a missão do povo de Deus, que descreve da
seguinte forma:

> Vós, porém, sois raça eleita, sacerdócio real, nação santa, povo de
> propriedade exclusiva de Deus, a fim de proclamardes as virtudes
> daquele que vos chamou das trevas para a sua maravilhosa luz; vós,
> sim, que, antes, não éreis povo, mas, agora, sois povo de Deus, que
> não tínheis alcançado misericórdia, mas, agora, alcançastes mise-
> ricórdia. Amados, exorto-vos, como peregrinos e forasteiros que
> sois, a vos absterdes das paixões carnais, que fazem guerra contra
> a alma, mantendo exemplar o vosso procedimento no meio dos
> gentios, para que, naquilo que falam contra vós outros como de
> malfeitores, observando-vos em vossas boas obras, glorifiquem a
> Deus no dia da visitação (1Pe 2:9-12).

Podemos ver duas implicações dessas características mencionadas por Pedro. Primeira: o objetivo é proclamar as virtudes de Deus. Segunda: o lugar para estar é entre os pagãos. Em outras palavras, Pedro afirma que somos o povo de Deus para proclamar e viver o evangelho entre aqueles que não conhecem a boa-nova. Nossa esperança, no dia da vinda de Jesus, é que por nosso testemunho (por palavras — "proclamar" — e por atos — "mantendo exemplar o vosso procedimento") os gentios (aqueles que não conhecem nem professam o Deus que servimos) também digam: "Glorificado seja nosso Deus!"

Ser "propriedade exclusiva" necessariamente implica uma perspectiva missional. A responsabilidade pastoral recebe enorme desafio nesse campo. A maior concentração da práxis pastoral é focada e desenvolvida "dentro" da igreja (*ad intra*), o que revela uma compreensão incorreta do conceito de ser propriedade exclusiva. Certamente não se pode desprezar a práxis pastoral para dentro da igreja (perspectiva *centrípeta*). Contudo, a finalidade é ser missional (perspectiva *centrífuga*).

A igreja tem já a tendência natural de existir para si mesma e focar em sua estrutura, sua denominação e seu *status* na cidade. Um dos desafios pastorais é reforçar o conceito da igreja como propriedade exclusiva para o bem do mundo. Costas sugere que precisamos desenvolver nossa missão "fora do portão",[43] que foi onde Jesus sofreu. Para ele, "fora do portão" implicava três consequências. Primeira: é um novo lugar (*locus*) da salvação; segunda: envolve uma compreensão mais completa da missão; terceira: conduz a um novo alvo de salvação e missão.[44]

---

[43] 1982a, p.188.
[44] Costas, 1982a, p. 188-94.

"Israel é chamado para ser propriedade de Deus, um grupo especial de pessoas dentre todas as nações pertencentes a Deus e, portanto, povo a quem Deus pode chamar para ser portador deste propósito."[45] Esse povo não deve existir para si mesmo, pois isso, por si só, seria a morte da missão. Devemos ser sal da terra e luz do mundo. Existir para si mesmo é uma tragédia já anunciada por Jesus: "ora, se o sal vier a ser insípido [...] para nada mais presta senão para, lançado fora, ser pisado pelos homens" (Mt 5:13). Além dessa tragédia, outra se avizinha: acender "uma candeia para colocá-la debaixo do alqueire" (Mt 5:15). Ou seja, é o mesmo que acender uma vela e colocar um balde em cima! Como uma igreja poderá cumprir a missão, se perdeu seu sabor e se a luz está presa/abafada dentro dela mesma? Por isso, o desafio lançado por Pedro é para mantermos exemplar nosso procedimento no meio dos gentios, com a finalidade missional de que possam observar nossas boas obras e glorificar a Deus! Esse é o sentido missional de ser propriedade exclusiva de Deus para o mundo, e isso precisa acontecer no meio dos gentios!

SEGUNDA RESPONSABILIDADE: SER REINO DE SACERDOTES — *"PARA* TODAS AS NAÇÕES"

Se ser propriedade exclusiva ressalta o aspecto "*dentre* todas as nações", agora ser reino de sacerdotes realça o "*para* todas as nações".

Esse segundo propósito pastoral-missional da aliança diz respeito ao caráter mediador de Israel. Observe a dinâmica da relação de Israel com as nações: é propriedade exclusiva de Deus *dentre* todas as nações; agora é reino de sacerdotes *para* todas as nações.

---

[45]Freitheim, 1991, p. 212.

88 Pastoral a caminho

Agora Israel deve cumprir a aliança, porque Deus o encarregou de ser um reino de sacerdotes para todas as nações. Costas afirma:

> Israel é criado em amor (Dt 7:7,8); é um povo sacerdotal (ou seja, um mediador do amor de Deus) na presença das nações (Êx 19:4-6) por causa do amor de Deus por ele (Is 42:5-7). Se as tradições predominantes do Antigo Testamento apresentam Yahweh em relacionamento com Israel, é porque, no fundo, Yahweh está interessado no bem-estar de todas as nações.[46]

Essa não é uma mediação profissional, realizada apenas pelos sacerdotes. É uma mediação para todas as nações, realizada por todo o povo de Israel. É uma responsabilidade coletiva. Freitheim refere-se isso, ao afirmar:

> Todo o povo de Deus, não apenas o clero, deve se comprometer com a extensão do conhecimento de Yahweh pelo mundo. Aqui está um golpe contra todas as formas de clericalismo que reivindicariam um status especial na economia divina [...] Trata-se de um compromisso de assumir a responsabilidade de ser um reino de sacerdotes. Esta é, essencialmente, a tarefa da mediação, da obediência à lei, não por ela mesma, mas pelo bem do mundo. É um meio pelo qual a vontade de Deus pode se mover em direção à realização em toda a terra.[47]

Israel é chamado a exercer e a desenvolver uma função sacerdotal para as nações:

---

[46]1982a, p. 89.
[47]1991, p. 212-3.

Toda a nação deveria agir como mediadora da graça de Deus para as nações da terra, assim como se havia prometido a Abraão que por meio dele e de sua semente todas as nações da terra seriam abençoadas (Gn 12:3).[48]

Brueggemann entende que Israel recebeu "uma direção mediatória, sacerdotal e sagrada".[49] Uma característica fundamental da responsabilidade sacerdotal é servir. Quando Deus escolheu Arão e seus filhos para ser sacerdotes, revelou o propósito: "... para me *oficiarem* como sacerdotes" (Êx 28:1,4). "Oficiar" é servir; por isso, o sentido no texto citado é "para servirem a Deus como sacerdotes". Portanto, Israel é um reino de sacerdotes para servir a missão de Deus como "nação servidora em vez de uma nação governadora".[50] Deus é o único que tem o direito de ser o governante das nações e do mundo; o direito de Israel é ser servo. Como escreveu James Plastaras:

> Êxodo 19:5,6b descreve as bênçãos da aliança em termos de um chamado mais para servir, em vez de privilégio e prosperidade. Ao pertencer a Deus e o servir, Israel certamente não encontraria a plenitude de todas as bênçãos materiais e espirituais, mas esta não é a ênfase principal.[51]

A ênfase primordial de Israel é servir a todas as nações "para ser uma vitrine para as nações verem"[52] seu estilo de vida sagrado, o qual abordaremos agora.

---

[48]Kaiser, 1990, p. 416.

[49]1994, p. 835.

[50]Durham, 1987, p. 263.

[51]1966, p. 224.

[52]Costas, 1982a, p. 191.

TERCEIRA RESPONSABILIDADE:
SER NAÇÃO SANTA —
"ENTRE TODAS AS NAÇÕES"

Observe a dinâmica: *dentre* (propriedade exclusiva) — *para* (reino de sacerdotes) — *entre* (nação santa). O povo de Deus é chamado "dentre-para-entre" as nações!

O terceiro propósito pastoral-missional da aliança é a manifestação da essência do ser de Deus. Sua essência é a santidade. Israel, como povo escolhido, deve ser uma nação santa *entre* todas as nações, para o bem delas. O exemplo do estilo de vida de Israel deve manifestar a vontade de Deus, "porque tu és *povo santo ao* SENHOR, teu Deus; o SENHOR, teu Deus, te escolheu, para que lhe fosses o seu povo próprio, de todos os povos que há sobre a terra" (Dt 7:6). Por isso, "ser-me-eis homens [povos] consagrados" (Êx 22:31).

Muito do conceito de santidade ensinado (especialmente por missionários estrangeiros) é que santidade significa separação. No Antigo Testamento, a palavra para "santidade" (ou "santo") é *qōdeš* ou *qodhesh*, que transmite a ideia de "ser separado" ou "pôr à parte". Contudo, não há base bíblica para que o povo de Deus seja separado do mundo, dos gentios, para viver à parte dos demais e da sociedade. Quando isso acontece, o que temos é uma separação com vistas à segregação!

É muito comum, infelizmente, que essa mentalidade de "santidade" esteja enraizada na igreja. Tal mentalidade rouba da igreja sua vocação missional! O povo de Deus não é separado do mundo, mas, sim, separado para Deus, à parte, para o mundo. A igreja é escolhida (separada, como propriedade exclusiva de Deus) não para fugir do mundo, mas para manifestar Deus ao mundo. O *locus* da santidade é o mundo. É no mundo que somos chamados, como povo de Deus, para nele viver em santidade. Eis o que nos ensina Jesus:

Eu lhes tenho dado a tua palavra, e o mundo os odiou, porque eles não são do mundo, como também eu não sou. Não peço que os tires do mundo, e sim que os guardes do mal. Eles não são do mundo, como também eu não sou. *Santifica-os* na verdade; a tua palavra é a verdade. Assim como tu me enviaste ao mundo, também eu os enviei ao mundo. E a favor deles eu me *santifico* a mim mesmo, para que eles também sejam *santificados* na verdade (Jo 17:14-20).

Como fica claro pelas palavras de Jesus, o fato de que seus discípulos "não são do mundo" em momento algum implica que devem abandonar o mundo. Ou seja, a identidade do povo de Deus não vem do mundo, com seus valores, mas, sim, de Deus e de sua Palavra. Jesus frisa a seus discípulos que o *locus* da santidade é o mundo, de tal modo que ele roga a Deus que não os tire "do mundo", mas, ao contrário, que no mundo ele os guarde "do mal". Certamente foi a partir desse conceito cristológico de santidade que Jesus disse:

Eis que *eu vos envio* como ovelhas *para o meio de lobos* (Mt 10:16).

Assim como tu me enviaste ao mundo, também *eu os enviei ao mundo* (Jo 17:18).

Assim como o Pai me enviou, *eu também vos envio* [ao mundo] (Jo 20:21).

Segregar-se e isentar-se do mundo é o mesmo que deixar o mundo entregue ao "deus deste século" (2Co 4:4), porque significa lhe tirar o agente missional. Assim, o mundo continuará em densas trevas, visto que a luz lhe foi sonegada, e continuará a apodrecer, já que também

92 Pastoral a caminho

o sal lhe foi sonegado. E não é só o mundo que padece, mas também a igreja, porque deliberadamente resolveu ser luz para si mesma e sal para si mesma, em franca desobediência a Jesus, que categoricamente afirmou que seus discípulos devem ser luz do mundo e sal terra. Se "o nosso evangelho ainda está encoberto" (2Co 4:3), é por causa de nossa negligência. Nesse caso, a igreja perde o direito ser chamada igreja, e passa a ser o "clube dos santos" segregados e separados para si mesmos. Ainda que seja outro o contexto, serve aqui também o que disse Paulo: "nenhum de nós vive para si mesmo, nem morre para si" (Rm 14:7). A igreja que vive para si mesma morrerá para si mesma. Tal igreja, nas palavras de Karl Barth, tem "sabor de 'sacro'", e cheiro de morte:

> Uma igreja que conhece sua missão não poderá e nem quererá, em nenhuma de suas funções, persistir em ser igreja por amor de si mesma. Existe o "rebanho de crentes em Cristo", porém o dito rebanho é enviado [...] A igreja vive de sua missão de arauto, é a *compagnie de Dieu*! Ali onde vive a igreja, deve se perguntar se está a serviço dessa missão ou se é um fim em si mesma. Se é o segundo, normalmente começará a ter um sabor de "sacro", a imperar o pietismo, o clericalismo e o desânimo.[53]

É justamente porque "o mundo inteiro jaz no Maligno" (1Jo 5:19) que Deus nos chama, e assim também escolheu Israel, para sermos povo agente e obediente, um mediador sacerdotal de seu amor, justamente para servir de contraste para este mundo. Somos chamados por Deus, "dentre as nações" do mundo, "para todas as nações" do mundo, como povo santo "entre todas as nações" do mundo. Essa é a essência do chamado missional de Pedro, quando nos exorta a

---

[53]2000, p. 169-70.

Estrutura da aliança: "Deus nos une" **93**

viver entre ("no meio de") os pagãos, ali abstendo-nos de desejos pecaminosos e sendo modelo de santidade. Em outras palavras, a santidade do povo de Deus influenciará os outros (os pagãos) por causa do *contraponto* que representamos. Quando virem nossas boas obras, glorificarão a Deus!

Pixley entende que:

> ... as expressões "reino dos sacerdotes" e "nação santa" [...] seus significados têm sido uma questão de discussão, mas talvez 1Pedro 2.9,10 esteja correto ao interpretá-los como as qualidades de um povo escolhido para a missão de Deus às nações da terra [...] A resposta do povo à proposta de Yahweh é positiva.[54]

Se Pixley estiver correto ao afirmar que essas características são "qualidades de um povo escolhido para a missão de Deus às nações da terra" (com o que estou totalmente de acordo), fica claro o propósito pastoral-missional da aliança, ou seja, Israel não foi chamado para ser um povo segregado, mas, sim, um povo separado ("nação santa"), a fim de cumprir sua missão sacerdotal ("sacerdócio real") a todas as nações.

Para concluir esse segundo aspecto do propósito pastoral-missional da aliança, vimos que Deus chamou Israel para ser sua *propriedade exclusiva*, um *reino de sacerdotes* e uma *nação santa*, não para si mesmo, mas, sim, em prol de todas as nações. Israel foi chamado para ser um povo *dentre* todos os povos, *para* todos os povos e *entre* todos os povos. Existe algum privilégio nesse chamado? Sim, e que privilégio! Trata-se do "privilégio da responsabilidade".[55] Em sua responsabilidade de intermediar o amor e o serviço de Deus a todas

---

[54]1987, p. 166.
[55]Glasser, 1989, p. 72.

94 Pastoral a caminhc

as nações, Israel "representa Deus no mundo das nações. O que os sacerdotes são para um povo, Israel como povo será para o mundo".[56]

É muito importante observar, mesmo brevemente, que, bem no meio de todas essas declarações identitárias de Deus em relação a seu povo, ecoa uma poderosa afirmação do próprio Deus: "toda a terra é minha" (Êx 19:5). A terra inteira pertence a nosso Deus (e não a Satanás, como erroneamente se interpreta a frase segundo a qual "o mundo inteiro jaz no Maligno" [1Jo 5:19], como se o mundo lhe pertencesse). Deus não precisa do ser humano, do povo ou ainda de igrejas para servir de mediadores. Em outras palavras, Deus não está limitado por nós, seres humanos. Ele tem o poder de transformar e mover todas as coisas por meio de sua Palavra, de Jesus e de seu Espírito. Só Deus tem o poder de dizer: "haja luz; e houve luz" (Gn 1:3). Essa é a grandeza humilde de Deus: sem precisar, ele chama Israel, seu povo, para ser parceiro em sua missão. A missão, em primeiro lugar, pertence a Deus. Nesse contexto, observe que ele faz todas as coisas sem nossa participação, embora, ao dizer que "toda a terra é minha" (Êx 19:5), ele nos chame para ser reino de sacerdotes e nação santa. Quão profunda é a afirmação de Terence Freitheim:

> Porque toda a terra é minha, então você será para mim um reino de sacerdotes e uma nação santa. Isso sugere que as frases se referem a *uma missão que abrange os propósitos de Deus para o mundo inteiro*. Israel é comissionado para ser o povo de Deus em nome da terra que é de Deus.[57]

No mesmo sentido, podemos nos lembrar de João 3:16, segundo o qual toda a terra pertence a Deus, e foi por isso mesmo que ele

---

[56]Blauw, 2012, p. 32.
[57]1991, p. 212.

"amou ao mundo de tal maneira que deu o seu Filho unigênito, para que todo aquele que nele crê não pereça, mas tenha a vida eterna".

Até aqui vimos que a pastoral-missional de Moisés tinha por propósito mostrar, de modo prático e concreto, que "Deus nos ama", libertando seu povo da opressão-escravidão do Egito para que pudesse 1) *proclamar*, 2) *adorar* e 3) *celebrar* a Deus (cap. 2). Em seguida, vimos que Moisés também tinha por propósito, em sua pastoral-missional, mostrar ao povo que "Deus no une", por meio de sua aliança de amor, a esse povo que é 1) *propriedade exclusiva*, 2) *reino de sacerdotes* e 3) *nação santa* — "dentre-para-entre" —, e isso para benefício de todas as nações e de todos os povos (cap. 3)!

A partir de agora, examinaremos a necessidade do ensino, tendo a Lei de Deus como norma, para que seu povo da aliança seja um povo obediente e ande em seus caminhos (cap. 4).

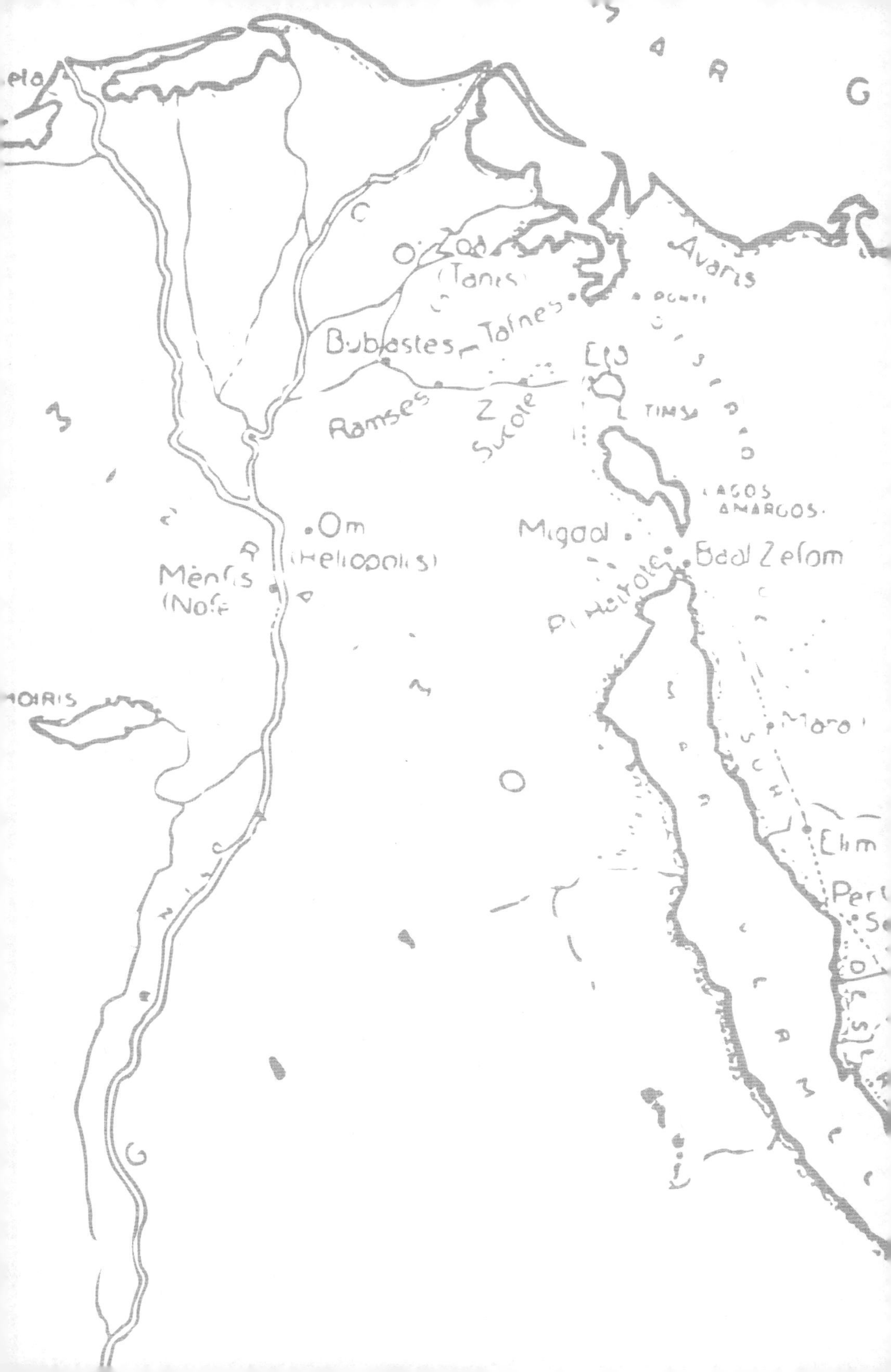

Zoa
(Tanis)
Avaris
Tafnes
Bubastes
Ramses
Sucote
TIMSA
LAGOS
AMARGOS
Om
(Heliopolis)
Mênfis
(Nof)
Migdol
Baal Zefom
Mara
Elim

CAPÍTULO 4

MODELO DA LEI

"DEUS NOS ENSINA"

———

"OS DEZ MANDAMENTOS
E O LIVRO DA ALIANÇA
SÃO CENTRADOS EM DEUS
E ORIENTADOS PARA A
HUMANIDADE. A LEI É PARA
BENEFÍCIO HUMANO NA
PERSPECTIVA DE DEUS."

———

A TERCEIRA RESPONSABILIDADE DA PRÁXIS PASTORAL--missional de Moisés é deixar claro ao povo que Deus nos ensina. Deus demonstrou seu amor e estabeleceu sua aliança com Israel sem nenhuma ação humana. Deus tomou a iniciativa, amou e agiu primeiro. "A lei é a voz de Deus chamando seu povo como um pai chama seu filho."[58] Agora encontramos algumas prescrições para esta nova comunidade (povo) em formação. "Não pode haver comunidade sem lei [...] Os Dez Mandamentos [...] são a base da existência da comunidade."[59]

Já vimos que Deus libertou Israel para proclamar, servir e celebrar seu nome em toda a terra. Ele fez uma aliança, chamando Israel para ser propriedade exclusiva, reino de sacerdotes e nação santa, para o bem de todas as nações. Deus é Deus em missão, ou seja, em movimento. Agora, "Deus foca na proteção da saúde da comunidade, para a qual o indivíduo desempenha uma regra tão importante".[60] Israel é a vitrine de Deus para todas as nações. Isso significa que a Lei, como um todo, é uma "instrução sobre a forma que essa vida redimida deve assumir na vida cotidiana".[61] A Lei não deve servir de camisa de força, mas, sim, de presente cuidadoso do Deus--Pastor que visa instruir seu povo sobre um viver que o agrade e o honre.

Qual é o propósito da Lei? Quais são algumas das implicações da pastoral-missional da Lei?

> O propósito da lei de Deus era triplo. (1) Mostrar a terrível pecaminosidade dos humanos em sua distância moral de Deus; (2) Demonstrar a necessidade da mediação da humanidade, caso

---

[58]Deiss, 1976, p. 17.
[59]Barclay, 1973, p. 13.
[60]Freitheim, 1991, p. 221.
[61]Freitheim, 1991, p. 224.

ela algum dia se aproximasse de Deus; e (3) Delinear como os humanos deveriam viver mais abundantemente usando como seu guia a perfeição imutável da natureza de Deus conforme revelada na lei moral.[62]

Ainda sobre o propósito da Lei, John Davis diz:

Um estudo cuidadoso do Antigo e do Novo Testamento revelará o fato de que a Lei tinha um propósito quíntuplo no plano de Deus. (1) Foi projetada para revelar a pecaminosidade da humanidade (Rm 3:19,20). (2) Ela revelou ou ilustrou a natureza hedionda do pecado (Rm 7:7-13). (3) Revelou a santidade de Deus. (4) Ela restringiu o pecador de modo a ajudá-lo a vir a Cristo (Gl 3:24). (5) Ela restringiu o comportamento errado para proteger a integridade das instituições morais e sociais e religiosas de Israel.[63]

A teofania de Deus (aparição/manifestação divina ao ser humano) e todos os tipos de fenômenos que sacudiram a terra tinham o propósito de realçar que Deus queria que seu povo 1) entendesse suas palavras e que 2) Moisés era o mediador de suas palavras.

Essas instruções foram tão importantes, que Deus usou fenômenos para abalar a terra para demonstrar a importância da Lei e a importância da obediência a ele.

A partir de agora, mostraremos três propósitos pastorais-missionais da Lei.

---

[62]Barker; Kohlenberger III, 1994, p. 99.
[63]1986, p. 207.

PRIMEIRO PROPÓSITO:
CENTRADA EM DEUS, VOLTADA PARA A HUMANIDADE

Os Dez Mandamentos e o Livro da Aliança são centrados em Deus e orientados para a humanidade. A Lei é para benefício humano na perspectiva de Deus. Significa que

> ... a Bíblia é voltada para o ser humano e, portanto, a obediência a essas leis visa melhorar sua própria vida; mas as leis são de Deus, e não podem ser mudadas pelo homem. Assim, ao examinarmos as leis em Êxodo 21—23, nossa primeira preocupação deve ser a glória de Deus, e não se essas leis *parecem* corretas para nós, homens pecadores. Se começarmos com Deus, logo veremos como as leis também melhorarão a vida humana.[64]

Na citação de Jordan, ele diz que a obediência à Lei visa melhorar a vida humana. Não há possibilidade de Deus melhorar a vida humana, a menos que os seres humanos obedeçam a suas palavras, que é a questão central de Deuteronômio. Não há outra possibilidade, não porque Deus não seja capaz ou poderoso, mas porque ele assim quis que o ser humano e seu povo (e agora a igreja) cumpram essa tarefa de mediação — *soberania mediada* — por meio de Jesus Cristo.

Em Êxodo 24:12, lemos: "Então, disse o Senhor a Moisés: Sobe a mim, ao monte, e fica lá; dar-te-ei tábuas de pedra, e a lei, e os mandamentos que escrevi, para os ensinares". A Lei e os mandamentos são centrados em Deus. Deus diz: "dar-te-ei..." e "escrevi". O propósito é sua instrução, não apenas como ensino, mas

---

[64]Jordan, 1984, p. 3 (grifo do autor deste livro).

102 Pastoral a caminho

também como direção. A instrução é uma função indispensável da práxis pastoral. Por exemplo, Paulo assim incumbe Timóteo: "prega a palavra, insta, quer seja oportuno, quer não, corrige, repreende, exorta com toda a longanimidade e doutrina" (2Tm 4:2). Sem instrução, não há possibilidade de maturidade. Nesse sentido, a tarefa pastoral é preparar o povo não apenas para *saber* (conhecimento cognitivo no processo de ensino e aprendizado), mas também para *praticar* (processo de resposta ao que se aprendeu), os mandamentos de Deus. É fundamental preparar o povo de Deus para viver de acordo com seu propósito.

Os Dez Mandamentos estruturam-se em dois aspectos relacionais. Primeiro: o *relacionamento pessoal* entre os seres humanos e Deus. Segundo: um *relacionamento social* entre os seres humanos. Muito bem-vinda é a compreensão de William Barclay sobre os Dez Mandamentos:

> Pode-se dizer que este código inculca duas coisas básicas — exige *reverência a Deus* e *respeito ao próximo*. A majestade de Deus e os direitos da personalidade humana são igualmente conservados. Isso é intensamente significativo, pois é da própria essência do judaísmo, e da própria essência do cristianismo, que ambos tenham um olhar bidirecional. Eles olham para Deus e para o próximo. Eles reconhecem o dever do ser humano para com o homem. Ambos sabem que a pessoa deve amar a Deus com tudo o que é e toda a força de seu ser, e que também deve amar seu próximo como a si mesma.[65]

Lembre que Jesus resumiu toda a Lei e os Profetas nestas mesmas duas direções: *amor a Deus* e *amor ao próximo*:

---

[65] 1973, p. 12.

Amarás o Senhor, teu Deus, de todo o teu coração, de toda a tua alma e de todo o teu entendimento. Este é o grande e primeiro mandamento. O segundo, semelhante a este, é: Amarás o teu próximo como a ti mesmo. *Destes dois mandamentos dependem toda a Lei e os Profetas* (Mt 22:37-40).

A tabela a seguir demonstra como os Dez Mandamentos foram condensados por Jesus em Dois Mandamentos:

Tabela 1. Os Dez Mandamentos: implicações pessoais e relacionais

Implicações pessoais ORIENTADAS PARA DEUS	Implicações sociais ORIENTADAS PARA A HUMANIDADE
"Amarás o Senhor, teu Deus, de todo o teu coração, de toda a tua alma e de todo o teu entendimento. Este é o grande e primeiro mandamento" (Mt 22:37,38).	"O segundo, semelhante a este, é: Amarás o teu próximo como a ti mesmo. Destes dois mandamentos dependem toda a Lei e os Profetas" (Mt 22:39,40).
1. Não terás outros deuses diante de mim (Êx 20:3).	1. Honra teu pai e tua mãe (Êx 20:12).
2. Não farás para ti imagem de escultura, nem semelhança alguma do que há em cima nos céus, nem embaixo na terra, nem nas águas debaixo da terra (Êx 20:4).	2. Não matarás (Êx 20:13).
3. Não tomarás o nome do Senhor, teu Deus, em vão (Êx 20:7).	3. Não adulterarás (Êx 20:14).
4. Lembra-te do dia de sábado, para o santificar (Êx 20:8).	4. Não furtarás (Êx 20:15).
	5. Não dirás falso testemunho contra o teu próximo (Êx 20:16).
	6. Não cobiçarás (Êx 20:17).

John Stott, em seu livro *God's book for God's people* [O livro de Deus para o povo de Deus], afirma:

Ao chamar um povo para si, Deus disse a eles que tipo de pessoa ele queria que fossem. Eles eram um povo especial; ele esperava deles

104 Pastoral a caminho

uma conduta especial. Então ele deu a eles os Dez Mandamentos como um resumo de sua vontade...[66]

Existem muitas implicações pastorais dessa compreensão da Lei. Por exemplo, da perspectiva da ação social, ela levanta a seguinte questão: "Quem é meu próximo?" Da perspectiva da experiência de culto, ela mostra que não é possível adorar a Deus e esquecer ou maltratar o próximo. Na evangelização, ela mostra que não devemos pensar dualisticamente, separando a palavra da ação. Isso mostra que é muito perigoso separar o individual do coletivo. Uma das tendências de nosso tempo é exaltar o individualismo secular em detrimento da responsabilidade social. Nossa sociedade é ainda mais individualista, e a responsabilidade social torna-se cada vez mais institucionalizada e terceirizada. A respeito disso, nossa práxis pastoral precisa demonstrar que o evangelho e a lei são integrais.

Parafraseando os Dez Mandamentos, eu diria que o povo de Deus, em missão, deve intencionalmente desenvolver uma comunidade em que 1) Deus é adorado 2) como o único Deus, 3) pela fé (o Deus invisível, 1Tm 1:17), 4) celebrando toda a sua criação (sábado). E, ao cumprir a missão de Deus, deve manter diante de si os princípios dele, como 5) respeitar pai e mãe, 6) saber que vida humana é sagrada, 7) conservar a necessária fidelidade nas relações sexuais, 8) praticar a justiça, 9) dizer sempre a verdade 10) e controlar os desejos para não cobiçar o que não deve ter nem querer o que não lhe pertence, buscando o contentamento como estilo de vida.

Não há dúvida de que Deus, com os Dez Mandamentos, estava oferecendo ao seu povo princípios de relacionamento voltados para ele mesmo (vertical) e para o próximo/ a sociedade (horizontal). Um possível agrupamento desses princípios pode ser visto no gráfico a seguir:

---

[66] 1982, p. 84.

Gráfico 1. Princípios de relacionamento vertical e horizontal[67]

	Horizontal	PRINCÍPIO	Vertical	
6	Não matarás	NÃO ELIMINES AS PESSOAS	Não terás outros deuses além de mim	1
7	Não adulterarás	NÃO TRAIAS NOS RELACIONAMENTOS	Não farás imagens de escultura	2
8	Não furtarás	NÃO VIOLES OS RELACIONAMENTOS	Não tomarás o nome do Teu Deus em vão	3
9	Não dirás falso testemunho	SALVAGUARDA A VERDADE	Lembra do dia de Sábado	4
10	Não cobiçarás	NÃO ELIMINES A TI MESMO	Honra teu pai e tua mãe	5

"Tudo quanto, pois, quereis que os homens vos façam, assim fazei-o vós também a eles." (Mt 7:12)

SEGUNDO PROPÓSITO:
OBEDIÊNCIA À PALAVRA DE DEUS TRANSMITIDA PELA LIDERANÇA PASTORAL DE MOISÉS

O segundo propósito pastoral-missional da Lei é a obediência. Mais uma vez, cumpre lembrar que estamos falando de obediência da perspectiva de um relacionamento. Yahweh não é um Deus impessoal. Israel, como comunidade *yahwista*, deve desenvolver um relacionamento pessoal com Aquele que o libertou da opressão. Não estamos falando, então, de obediência cega, mas de obediência relacional. Não é obediência meramente imperativa (ou seja, a uma ordem), mas essencialmente descritiva, relativa ao que Deus é e faz

---

[67] Gráfico adaptado de Rabbi David Fohrman, *Why are the Ten Commandments important? The hidden structure of the Ten Commandments.* Fonte: <https://www.alephbeta.org/playlist/hidden-structure-of-ten-commandments>

por seu povo. As ordenanças de Deus estão baseadas no agir amoroso de Deus! Moisés é o agente de Deus para manter Israel fiel à Lei divina. A liderança de Moisés é crucial para a resposta do povo. Freitheim afirma:

> Essa determinação divina de acentuar a credibilidade de Moisés aumenta a importância da liderança. Se as pessoas de fé não confiarem em quem fala a palavra de Deus, essa palavra e sua eficácia na vida das pessoas sofrerão.[68]

Estêvão, em seu discurso perante o Sinédrio, teve uma visão notável da liderança pastoral de Moisés. Ele entendeu que Moisés era:

- *chefe-libertador*: "A este Moisés, a quem negaram reconhecer, dizendo: Quem te constituiu autoridade e juiz? A este enviou Deus como *chefe e libertador*, com a assistência do anjo que lhe apareceu na sarça" (At 7:35).
- *líder da congregação no deserto*: "É este Moisés quem esteve na congregação no deserto" (At 7:38).
- *transmissor das instruções de Deus*: "... com o anjo que lhe falava no monte Sinai e com os nossos pais; o qual recebeu palavras vivas para no-las transmitir" (At 7:38).

Estêvão viu Moisés como líder enviado por Deus para libertar Israel, sendo seu guia e libertador e aquele que lhe outorgou as palavras vivas de Deus. Um aspecto da práxis pastoral de Moisés era tornar Israel obediente aos mandamentos de Deus. Esse é, sem dúvida, um dos aspectos mais difíceis da práxis pastoral, ou seja, levar as pessoas a ser obedientes a Deus e a sua Palavra. Infelizmente, de acordo com

---

[68] 1991, p. 215.

o discurso de Estêvão, Moisés não pôde tornar o povo obediente. Estevão, nesse sermão perante o Sinédrio, precisou dedicar um tempo de sua exposição para mostrar como é difícil fazer com que o povo se torne obediente. Sinta a dramaticidade nas palavras de Estêvão:

A quem nossos pais *não quiseram obedecer*; antes, o repeliram e, no seu coração, voltaram para o Egito, dizendo a Arão: Faze-nos deuses que vão adiante de nós; porque, quanto a este Moisés, que nos tirou da terra do Egito, não sabemos o que lhe aconteceu. Naqueles dias, fizeram um bezerro e ofereceram sacrifício ao ídolo, alegrando-se com as obras das suas mãos. Mas Deus se afastou e os entregou ao culto da milícia celestial, como está escrito no Livro dos Profetas: Ó casa de Israel, porventura, me oferecestes vítimas e sacrifícios no deserto, pelo espaço de quarenta anos, e, acaso, não levantastes o tabernáculo de Moloque e a estrela do deus Renfã, figuras que fizestes para as adorar? Por isso, vos desterrarei para além da Babilônia. O tabernáculo do Testemunho estava entre nossos pais no deserto, como determinara aquele que disse a Moisés que o fizesse segundo o modelo que tinha visto. O qual também nossos pais, com Josué, tendo-o recebido, o levaram, quando tomaram posse das nações que Deus expulsou da presença deles, até aos dias de Davi. Este achou graça diante de Deus e lhe suplicou a faculdade de prover morada para o Deus de Jacó. Mas foi Salomão quem lhe edificou a casa. Entretanto, não habita o Altíssimo em casas feitas por mãos humanas; como diz o profeta: O céu é o meu trono, e a terra, o estrado dos meus pés; que casa me edificareis, diz o Senhor, ou qual é o lugar do meu repouso? Não foi, porventura, a minha mão que fez todas estas coisas? Homens de dura cerviz e incircuncisos de coração e de ouvidos, vós sempre resistis ao Espírito Santo; assim como fizeram vossos pais, também vós o fazeis. Qual dos profetas vossos pais não perseguiram? Eles mataram os que anteriormente anunciavam a vinda do Justo, do qual vós agora vos tornastes traidores e assassinos, *vós que recebestes a lei por ministério de anjos e não a guardastes* (At 7:39-53).

Uma longa e trágica exposição dos resultados da desobediência. Estêvão começa seu discurso afirmando que "nossos pais *não quiseram obedecer*; antes..." (At 7:39), para então concluir com a frase: "Eles mataram os que anteriormente anunciavam a vinda do Justo, do qual *vós agora vos tornastes traidores e assassinos, vós que recebestes a lei por ministério de anjos e não a guardastes*". Estêvão fala da desobediência dos antepassados ("nossos pais") e da desobediência em seu tempo ("vós agora"). Que tarefa pastoral difícil é fazer com que o povo de Deus respeite o próprio Deus e suas direções por meio de seus agentes pastorais!

Como isso pode acontecer? A tragédia descrita por Estêvão não foi apenas a rejeição à liderança de Moisés, mas também uma rejeição ao próprio Deus e a seus mandamentos. Essa era a questão central, mas as pessoas eram cegas, e sua rejeição ocasionou o julgamento de Deus. Por consequência, "Deus *se afastou e os entregou* ao culto da milícia celestial" (At 7:42). Eugene Peterson, na versão bíblica A Mensagem, assim parafraseou essa tragédia:

> Deus não estava satisfeito, mas os deixou agir conforme desejassem: adorar cada novo deus que aparecia — e viver com as consequências.

Esse foi o mesmo povo que prontamente respondera a Moisés com as seguintes palavras: "*Tudo o que falou o Senhor faremos*" (Êx 24:3). Mas essa não é toda a questão. Além de terem afirmado categoricamente que "*tudo o que falou o Senhor faremos*", algum tempo depois esse mesmo povo disse o seguinte:

Fala-nos tu, e te ouviremos; porém não fale Deus conosco, para que não morramos. Respondeu Moisés ao povo: Não temais; Deus veio para vos provar e para que o seu temor esteja diante de vós, a fim de que não pequeis (Êx 20:19,20).

O que estava em questão não era a liderança de Moisés nem sua imagem pessoal, mas, sim, a obediência aos mandamentos de Deus. Obediência e desobediência sempre trazem consequências positivas ou negativas. O propósito de Deus, ao pedir obediência ao seu povo, era para benefício deles mesmos, pois Deus queria que seu povo tivesse vida justa e abundante!

TERCEIRO PROPÓSITO:
INSTRUÇÕES PARA VIVER ABUNDANTEMENTE

Além de a Lei de Deus ser centrada no próprio Deus (primeiro propósito), para benefício de seu povo, o qual é conclamado a obedecer a Palavra de Deus (segundo propósito) conforme transmitida por Moisés, agora passamos a ver que as instruções visam a um viver abundante, sendo esse o terceiro propósito pastoral-missional da Lei.

"A Bíblia é um livro de aliança [...] A Bíblia é um livro da vida. É para *toda* a vida."[69] É incrível que Deus exija de seu povo a obediência à Lei não por legalismo, mas com o propósito de desfrutarem uma vida abundante. Os Dez Mandamentos expressam os princípios para esta vida (se necessário, reveja o gráfico 1, sobre *Princípios*), e o Livro da Aliança revela como essa vida deve ser vivida. Agora Israel deve viver como comunidade *yahwista*. Para isso, deve entender que

---

[69]Jordan, 1984, p. 9.

110 Pastoral a caminho

Deus tem estruturas e padrões sociais para essa nova comunidade/ sociedade que se formava. Hansom declara:

> Uma comunidade viva de fé traduzirá sua experiência da graça divina em formas de comunidade que salvaguardem a dinâmica libertadora que cura e reconcilia todas as áreas da vida.[70]

Hanson diz ainda que o Livro da Aliança (jurisprudência e leis *yahwistas*)

> ... busca não impor uma ordem social derivada de uma autoridade externa, mas [...] extrair harmonia social de dentro, do coração da vida — isto é, da compaixão de Deus — e então dos corações daqueles que respondem à compaixão divina reconhecendo o senhorio de Deus.[71]

O Livro da Aliança (Êx 24:7) contém seis áreas desses padrões de harmonia social para beneficiar o todo da vida, conforme se pode ver a seguir:

Tabela 2. O Livro da Aliança: harmonia social

Primeira área	Escravidão — servos hebreus	Êx 21:2-11
Segunda área	Violência — ferimentos pessoais	Êx 21:12-36
Terceira área	Propriedade e administração — proteção e segurança	Êx 22:1-15
Quarta área	Casamento e fidelidade — responsabilidade social	Êx 22:16-31
Quinta área	Prestar testemunho — justiça e misericórdia	Êx 23:1-9
Sexta área	Descanso — o Sábado	Êx 23:10-19

[70] 1986, p. 42.
[71] 1986, p. 45.

É muito importante relembrar, nesta terceira seção sobre a Lei, a resposta central do povo diante do Livro da Aliança. Essa resposta tinha de ser litúrgica. Deus deu os Dez Mandamentos por meio de Moisés. Este fielmente transmitiu a palavra de Deus ao povo. As pessoas responderam positivamente. E, por fim, Moisés selou essa resposta com sacrifícios e sangue. Antes que a Lei fosse dada, em Êxodo 19:8, o povo assim respondeu: "Tudo o que o Senhor falou faremos". E, quanto à Lei, em Êxodo 24:3, eles assim responderam: "Então, tomou Moisés aquele sangue, e o aspergiu sobre o povo, e disse: Eis aqui o sangue da aliança que o Senhor fez convosco a respeito de todas estas palavras" (Êx 24:8). Então Moisés passou quarenta dias e quarenta noites na montanha (Êx 24:18) para que acontecesse isso: "Então, disse o Senhor a Moisés: Sobe a mim, ao monte, e fica lá; dar-te-ei *tábuas de pedra*, e a *lei*, e os *mandamentos* que escrevi, para os ensinares" (Êx 24:12).

Todo esse processo pedagógico de Deus era necessário porque seu povo ficara no Egito pelo período de 430 anos. Trata-se de um tempo longo de exposição à cultura e à cosmovisão dos egípcios. Ali, como escravos, nasceram seus filhos e filhas, bem como morreram muitas pessoas, especialmente avós, pais e mães, e assim os ciclos geracionais foram se desenvolvendo. Contudo, tudo debaixo da influência impositiva do estilo de vida e da cosmovisão religiosa dos egípcios, jamais nos podendo esquecer de que os israelitas eram escravos!

O processo pedagógico de Deus para ensinar (Êx 24:12) seu povo necessariamente implicava desconstruir para depois construir. Desconstruir a cosmovisão ético-valorativa egípcia, especialmente sua relação idolátrica com seus deuses, para então dar a esse povo um novo código ético de relacionamento com Deus e com o próximo. Trata-se de um processo que leva anos, entre acertos e erros, obediência e desobediência. Um exemplo clássico que demonstra como é complicado esse processo de ensino e aprendizagem é o do bezerro de ouro:

> ... vendo o povo que Moisés tardava em descer do monte, acercou-se de Arão e lhe disse: Levanta-te, faze-nos deuses que vão adiante de nós; pois, quanto a este Moisés, o homem que nos tirou do Egito, não sabemos o que lhe terá sucedido (Êx 32:1).

Esse povo, que já havia recebido todas as instruções de Deus por meio de Moisés, ainda estava impregnado da cultura idólatra do Egito. Queriam fabricar um deus para si mesmos! E Moisés é praticamente obrigado a correr para Deus:

> No dia seguinte, disse Moisés ao povo: Vós cometestes grande pecado; agora, porém, subirei ao SENHOR e, porventura, farei propiciação pelo vosso pecado. Tornou Moisés ao SENHOR e disse: Ora, o povo cometeu grande pecado, fazendo para si deuses de ouro. Agora, pois, perdoa-lhe o pecado; ou, se não, risca-me, peço-te, do livro que escreveste. Então, disse o SENHOR a Moisés: Riscarei do meu livro todo aquele que pecar contra mim. Vai, pois, agora, e conduze o povo para onde te disse; eis que o meu Anjo irá adiante de ti; porém, no dia da minha visitação, vingarei, neles, o seu pecado. Feriu, pois, o SENHOR ao povo, porque fizeram o bezerro que Arão fabricara (Êx 32:30-35).

É comum ouvirmos a seguinte expressão: "Deus levou um dia para tirar Israel do Egito; mas levou quarenta anos para tirar o Egito de Israel". E isso se deu no deserto de Cades-Barneia. Moisés tomou para si o fracasso da desobediência do povo ao pedir a Deus: "... risca-me, peço-te, do livro que escreveste". Mas Deus não aceita tal proposta e lhe responde: "Riscarei do meu livro todo aquele que pecar contra mim. Vai, pois, agora, e conduze o povo". Quantas vezes nós, pastores, não ficamos com sentimento de culpa por causa da infidelidade do povo para com Deus?! O que nos cabe é insistir na integridade para que, quando a infidelidade do povo ficar escancarada, não sejamos achados culpados.

Esse Deus *liberta* porque ama; faz *aliança* porque ama a unidade; fornece os Dez Mandamentos e o Livro a Lei porque ama nos *ensinar*. Agora, passaremos a examinar o fato de Deus se fazer presente porque *habita* naqueles que o reconhecem como seu Deus-Pastor (cap. 5)!

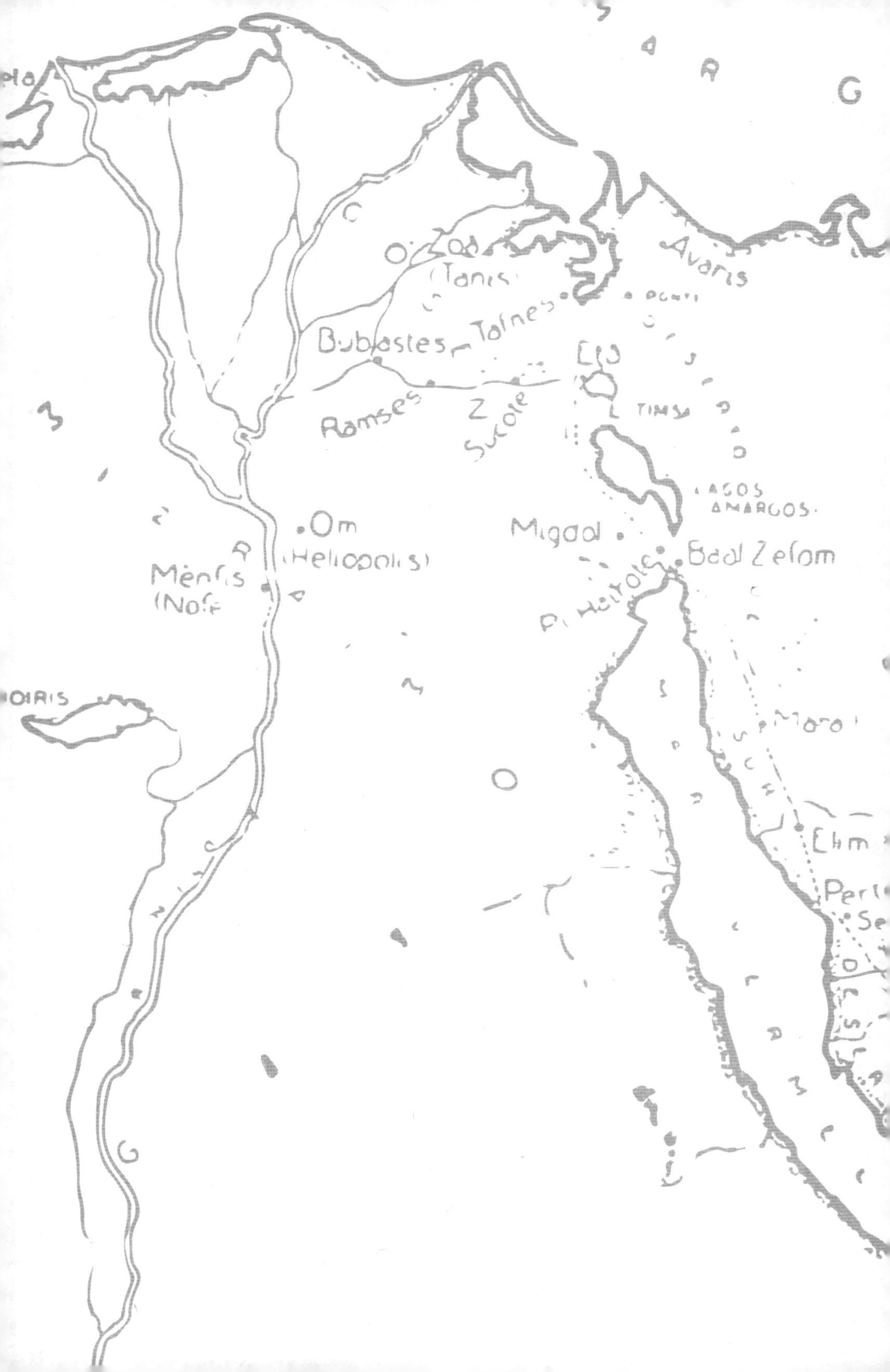
Zoa
(Tanis)
Avaris
Tafnes
Bubastes
Ramses
Sucote
TIMSA
LAGOS
AMARGOS
Migdol
Baal Zefom
Om
(Heliopolis)
Mênfis
(Nof)
Mara
Elim

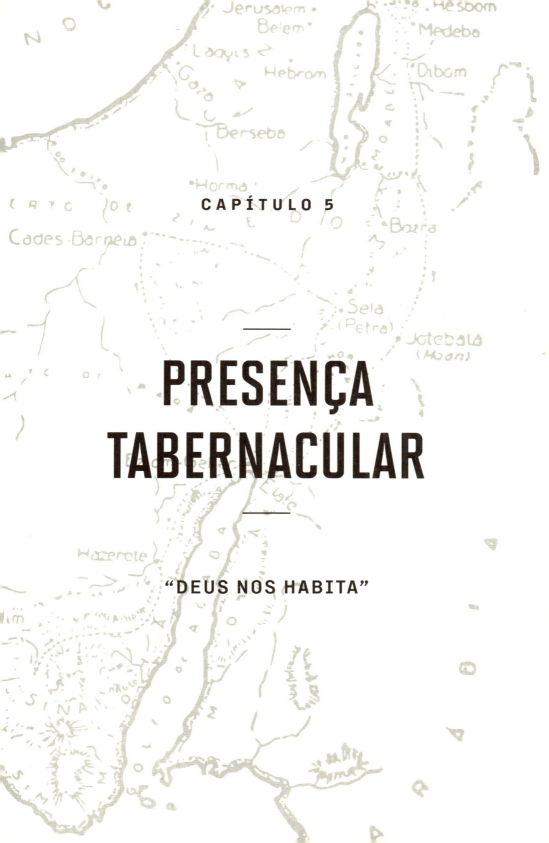

CAPÍTULO 5

PRESENÇA TABERNACULAR

"DEUS NOS HABITA"

———

"DEUS É DEUS EM
RELACIONAMENTO! DEUS
HABITA NO MEIO DE SEU
POVO, EM UMA PRESENÇA
TABERNACULAR, COMO
SÍMBOLO VISÍVEL DE QUE
O EU SOU TAMBÉM
É O EU ESTOU!"

———

A QUARTA TAREFA PASTORAL-MISSIONAL DE MOISÉS É instruir o povo, assegurando-o de que *Deus* habita em nós. Neste capítulo, observaremos o propósito pastoral-missional do Tabernáculo. Depois de estar na presença de Deus por quarenta dias e quarenta noites (Êx 24:18), no monte do Senhor (o monte Sinai, Êx 24:13), Moisés recebeu as instruções também sobre o padrão do Tabernáculo (Êx 25:8) para fazer um santuário para Deus: "E me farão um santuário, para que eu possa *habitar no meio deles*".

Deus instrui Moisés sobre os detalhes concernentes ao Tabernáculo:

> Segundo tudo o que eu te mostrar para *modelo* do tabernáculo e para *modelo* de todos os seus móveis, assim mesmo o fareis (Êx 25:9).

> Porei o meu tabernáculo *no meio de vós*, e a minha alma não vos aborrecerá. *Andarei* entre vós e serei o vosso Deus, e vós sereis o meu povo (Lv 26:11,12).

> Que ligação há entre o santuário de Deus e os ídolos? Porque *nós somos santuário do Deus vivente*, como ele próprio disse: *Habitarei* e *andarei* entre eles; serei o seu Deus, e eles serão o meu povo (2Co 6:16).

> E *habitarei* no meio dos filhos de Israel e serei o seu Deus. E saberão que eu sou o SENHOR, seu Deus, que os tirou da terra do Egito, para *habitar* no meio deles; eu sou o SENHOR, seu Deus (Êx 29:45,46).

Deus libertou Israel sob a liderança de Moisés (e de Arão), e ali, no monte do Senhor, chega o momento da formalização de sua aliança para com seu povo. Agora, sim, Israel passaria a ser povo, propriedade exclusiva de Deus. A aliança também implicava obediência por parte do povo aos mandamentos divinos. Assim, a obediência deveria ser estabelecida por meio de um relacionamento pessoal com Deus, que habitava neles e no meio deles.

Deus promete habitar e andar com seu povo eleito. "Habitar" é *shekan* no hebraico, que traz consigo a ideia de "alojar-se", "instalar-se", "residir", "morar (em tenda)", "estabelecer", "fazer assentar" e "fixar". Ou seja, Deus garante sua presença — a mesma garantia que Jesus deu a seus discípulos ao afirmar, em suas últimas palavras registradas no Evangelho de Mateus: "... eis que *estou convosco* todos os dias até à consumação do século" (Mt 28:20). A palavra "andar" é *hālak ou halak* no hebraico e está relacionada a "partir", "proceder", "mover", "ir", "viver", "percorrer", "liderar" e "carregar". Ou seja, além de garantir sua presença, Deus também promete conduzir seu povo. A observação de Hicks elucida bem esses detalhes:

> Uma nota significativa desse ponto é observar o uso do verbo *habitar* na história do Tabernáculo. O termo hebraico para *habitar* (*shekan*, do qual a palavra *shekinah* é formada) é empregado cinco vezes nessa narrativa. O primeiro uso é Êxodo 24:16 que afirma que a "glória do Senhor habitava no Monte Sinai". Mas no final da narrativa "a nuvem" irá "pousar" (literalmente, *habitar*) na "tenda do encontro" quanto a "glória do Senhor encheu o tabernáculo" (Êx 40:35). O tabernáculo se torna o santuário de Deus, onde Deus habita "no meio deles" (Êx 25:8). Este movimento do Sinai para o tabernáculo é a realização da promessa da aliança: "Eu habitarei entre o povo de Israel e serei o seu Deus" (Êx 29:45). Na verdade, este é o significado do próprio Êxodo. Deus redimiu Israel do Egito com o propósito expresso de habitar entre eles (Êx 29:46).[72]

---

[72] 2013, p. 63.

Portanto, o padrão/modelo do Tabernáculo não diz respeito apenas ao mobiliário, mas se refere essencialmente a um modelo da presença de Deus. Brueggemann afirma que "o padrão de presença imagina a glória magistral e vivificante de Deus estando concretamente presente no mundo".[73]

O Tabernáculo tinha basicamente dois propósitos pastorais-missionais. Primeiro: era um símbolo visível da presença de Deus, um lugar para encontrar Deus. Segundo: era um lugar para adorar e servir a Deus.

PRIMEIRO PROPÓSITO: SER UM SÍMBOLO VISÍVEL DA PRESENÇA DE DEUS (UM LUGAR PARA ENCONTRAR DEUS)

O Tabernáculo não é o único lugar onde Deus habita, pois Deus é e sempre foi onipresente! Não é um lugar onde localizar a divindade. Uma coisa é muito clara: "o Tabernáculo não era um fim em si mesmo, não era uma realidade última, mas pretendia apresentar a verdade final".[74] O Tabernáculo é portátil; portanto, significa que era funcional, movendo-se de um lugar para outro. A revelação de Deus e sua teofania eram comumente vistas no Sinai, o monte sagrado de Deus. Isso implicava de certa forma uma relação estática. Agora, há uma mudança clara e radical: da montanha para o Tabernáculo. Do lugar físico para o não lugar, em movimento. Se antes as pessoas subiam para encontrar Deus, agora era Deus quem descia para encontrar seu povo! "Chega de Moisés ter que subir a montanha!"[75]

---

[73]1994, p. 685.
[74]Martin; Marshall, 1924, p. 1.
[75]Freitheim, 1991, p. 273.

120 Pastoral a caminho

Onde o Tabernáculo foi construído? Deus planejou construir o Tabernáculo no deserto. O santuário de Deus não foi construído no Egito, tampouco em Canaã.

> O Tabernáculo era para os peregrinos no deserto, ficando o Egito atrás deles e Canaã à frente deles; libertos daquele, mas ainda sem entrar no descanso para este; sempre em movimento, dependente da generosidade do Altíssimo.[76]

O Tabernáculo era uma caracterização visível da presença de Deus entre o povo. Gerhard von Rad diz que o Tabernáculo "é apenas o ponto de encontro, o lugar de encontro [...] a Tenda recebe o nome de 'tenda de encontro'".[77]

O propósito básico para a existência do Tabernáculo era a adoração. Devemos lembrar mais uma vez que um dos propósitos da libertação era capacitar o povo para adorar a Deus: "Deixa ir o meu povo, para que me *sirva* [adore] no deserto" (Êx 7:16).

É importante ainda lembrar que Salomão foi responsável por construir o Templo, a casa do Senhor. Ele fez uma longa oração, rica em detalhes (2Cr 6:14-42). Destaco especialmente a consciência de Salomão, que não aprisionou Deus no Templo. Assim orou:

> ... habitaria Deus com os homens na terra? Eis que os céus e até o céu dos céus não te podem conter, quanto menos esta casa que eu edifiquei (2Cr 6:18).

> ... os teus olhos estejam abertos dia e noite *sobre* esta casa, *sobre* este lugar (2Cr 6:20).

---

[76]Martin; Marshall, 1924, p. 3.
[77]1962, p. 236.

... ouve do lugar da tua habitação (2Cr 6:21; veja tb. v.23, 25, 27, 30, 33, 35, 39).

Agora, pois, ó meu Deus, estejam os teus olhos abertos, e os teus ouvidos atentos à oração que se fizer deste lugar (2Cr 6:40).

É plena a consciência de Salomão de que o lugar da habitação de Deus não é o Templo.

Ele clama para que Deus ouça — do lugar de sua habitação — as orações que se fizerem no Templo ou as orações cujas faces estiverem voltadas para o templo. Pede para que os olhos de Deus estejam sobre esse lugar, entendendo literalmente que Deus está acima!

Uma das percepções que sempre precisa ser esclarecida é que Deus não habita no templo físico, nas instalações da igreja. O templocentrismo é uma das principais razões da falta de compromisso com a missão de Deus por parte da igreja. O fator monte, da mulher samaritana, está muito presente na igreja ainda hoje: "Nossos pais adoravam *neste monte*; vós, entretanto, dizeis que *em Jerusalém* é o lugar onde se deve adorar" (Jo 4:20). Essa mulher tinha direito de ter essa dúvida, mas nós não mais. Jesus respondeu a ela dizendo que não se adora nem no monte, nem em Jerusalém, mas, sim, "em espírito e em verdade" (Jo 4:23).

O templo tem a capacidade de paralisar e banalizar a missão. Enquanto muitos, ainda hoje, oram e esperam que o templo de Salomão seja reconstruído em Jerusalém, não se dão conta de que somos o santuário de Deus: "Não sabeis que sois santuário de Deus e que o Espírito de Deus habita em vós? Se alguém destruir o santuário de Deus, Deus o destruirá; porque o santuário de Deus, que sois vós, é sagrado" (1Co 3:16,17). Paulo reafirma isso, inclusive num contexto em que trata da imoralidade, quando diz: "Acaso, não sabeis que o vosso corpo é santuário do Espírito Santo, que está em vós, o qual tendes da parte de Deus, e que não sois de vós mesmos?" (1Co 6:19).

É também impressionante a afirmação do apóstolo João: "Nela [nova Jerusalém], não vi santuário, porque o seu santuário é o Senhor, o Deus Todo-Poderoso, e o Cordeiro" (Ap 21:22). Mais do que desejar a reconstrução do antigo templo de Jerusalém, é necessário ansiar, todos os dias, ser usado por Deus, como pedras vivas que somos, para sermos templo de Deus aonde quer que vamos ou onde quer que estejamos: "... vós mesmos, como pedras que vivem, sois edificados *casa espiritual* para serdes sacerdócio santo, a fim de oferecerdes sacrifícios espirituais agradáveis a Deus por intermédio de Jesus Cristo" (1Pe 2:5).

SEGUNDO PROPÓSITO:
SER UM LUGAR PARA
ADORAR E SERVIR A DEUS

O Tabernáculo proporcionou uma experiência profunda para Israel. O povo saiu da escravidão no Egito, onde servia como povo oprimido. O novo movimento na vida de Israel é da escravidão para a adoração. A adoração, em toda a sua expressão, é um convite à celebração de Deus, que fez de Israel sua propriedade exclusiva, um reino de sacerdotes e uma nação santa. Israel estava antes a serviço de Faraó e seus deuses, mas agora estava a serviço de Deus, como o único Deus. No Egito, sob trabalho severo, árduo e forçado, tiveram de construir Pitom e Ramessés, as cidades-celeiro (cidades-armazém): "... os egípcios puseram sobre eles feitores de obras, para os afligirem com suas cargas. E os israelitas edificaram a Faraó as cidades-celeiros, Pitom e Ramessés" (Êx 1:11). Agora, esse mesmo povo foi chamado por Deus para construir o Tabernáculo, um lugar para encontrá-lo. Diferentemente do Egito, ninguém fora forçado a ofertar nem a contribuir para a construção do Tabernáculo, sendo esta a orientação de Deus a Moisés: "Fala aos filhos de Israel que me tragam oferta; de todo homem *cujo coração o mover para isso*, dele recebereis a minha oferta" (Êx 25:2). "A adoração a Deus no Tabernáculo é uma das formas em que a comunidade de fé participa da obra divina de criação."[78]

Na verdade, Deus sabia que Israel precisava de algo visível em se tratando de adoração. Como já sublinhamos, muito da adoração no Egito era visível e palpável. Por isso, o Tabernáculo era um lugar didático, como um centro visível de adoração a Deus. O desafio agora era fazer com que Israel adorasse a Deus em um novo padrão/modelo e de maneira invisível.

Israel estava totalmente imerso em uma forma pagã de adoração no Egito, em um ambiente de sincretismo religioso. Mudar nosso modo de ser/agir, o que chamamos cosmovisão, é sempre difícil e por vezes traumático. Implica romper (desconstruir) nossa visão das coisas e do mundo. Isso está muito claro (como já mencionamos) no exemplo trágico do bezerro de ouro. Embora Deus tenha dado ao povo as muitas prescrições sobre o Tabernáculo, as pessoas ainda tinham a mente no Egito, o que implicava contínua dependência cultural e religiosa da antiga vida.

O bezerro de ouro está para Êxodo assim como a queda está para Gênesis. Deus deu uma ordem explícita a Israel:

> Não terás outros deuses diante de mim. Não farás para ti imagem de escultura, nem semelhança alguma do que há em cima nos céus, nem embaixo na terra, nem nas águas debaixo da terra. Não as adorarás, nem lhes darás culto; porque eu sou o SENHOR, teu Deus, Deus zeloso, que visito a iniquidade dos pais nos filhos até à terceira e quarta geração daqueles que me aborrecem e faço misericórdia até mil gerações daqueles que me amam e guardam os meus mandamentos (Êx 20:3-6).

---

[78]Freitheim, 1991, p. 268.

124 Pastoral a caminho

Contudo, surge um "mas" nessa história:

> *Mas*, vendo o povo que Moisés tardava em descer do monte, acercou-se de Arão e lhe disse: Levanta-te, faze-nos deuses que vão adiante de nós; pois, quanto a este Moisés, o homem que nos tirou do Egito, não sabemos o que lhe terá sucedido. Disse-lhes Arão: Tirai as argolas de ouro das orelhas de vossas mulheres, vossos filhos e vossas filhas e trazei-mas (Êx 32:1,2).

Aí temos uma imagem incrível de uma realidade cruel. Nem Deus, nem Moisés mereciam esse "mas" contra eles. O povo trocou Moisés por Arão e Deus por deuses. Observe como Deus foi totalmente desprezado e ignorado pelo povo nessa absurda afirmação: "Então, disseram: *São estes, ó Israel, os teus deuses, que te tiraram da terra do Egito*" (Êx 32:4). Esses deuses foram feitos por suas mãos a partir das argolas antes penduradas nas orelhas e agora trazidas a Arão, que trabalhou o ouro e fez dele um bezerro fundido (Êx 32:3). Em vez de Deus receber a honra e a glória, o povo rende glória ao bezerro de ouro, como se este tivesse sido o responsável pela libertação da escravidão do Egito. A tabela a seguir nos mostra essa realidade:

Tabela 3. A diferença entre o Tabernáculo e o bezerro de ouro[79]

TABERNÁCULO	BEZERRO DE OURO
Iniciativa de Deus	Iniciativa do povo
Oferta voluntária	Arão pede o ouro
Preparação sacrificial	Sem planejamento
Longo processo de construção	Criado rapidamente
Salvaguarda da santidade divina	Acessibilidade imediata
Invisível Deus	Visível deus
Deus pessoal e ativo	Objeto impessoal

[79]Freitheim, 1991, p. 267.

Assim, do ponto de vista da adoração, Israel desobedeceu ao primeiro mandamento: "Não terás outros deuses diante de mim" (Êx 20:3).

A questão central que precisamos considerar é o próprio Deus, e não o Tabernáculo em si. O Tabernáculo surgiu por causa de Deus e para a causa de Deus. Ele é o único a ser adorado. O Tabernáculo é apenas um símbolo visível da presença invisível de Deus. Como já destacamos anteriormente, essa questão ainda é crucial e muito problemática para a igreja hoje. Para muitas pessoas, a igreja (edifício/prédio) corre o risco de se tornar o "bezerro de ouro", quando ela mesma se apresenta como lugar sagrado onde se adora a Deus. Comumente se ouvem expressões como: "Deus está neste lugar"; "Agora que entramos em sua presença..."; "O Senhor tem feito maravilhas neste lugar", e assim por diante.

Em minha experiência pastoral, percebo quão crítica é essa questão. O santuário passa a ser mais sagrado que Deus, e mais importante que as pessoas, sempre que proibimos certas pessoas de entrar no templo e certas "coisas" de acontecer no templo. Sou de um tempo em que não se podia tocar bateria no templo. Às vezes, prefere-se abrir mão das pessoas da igreja para manter as coisas da igreja, fruto de tradicionalismo. A imagem do Tabernáculo deve nos lembrar que somos um povo a caminho, tendo Yahweh habitando e caminhando conosco:

> O movimento divino do Sinai para o Tabernáculo, como Freitheim observa, é um movimento das "aparições ocasionais de Deus" no Sinai para "a presença contínua de Deus" no tabernáculo. Isso diminui a distância entre Deus e Israel. Deus não está mais "lá" ou mesmo "lá em cima", mas Deus está "aqui" — Deus está presente entre eles. Israel agora vem "perante o Senhor" porque Deus está presente entre eles sacramentalmente no tabernáculo.[80]

---

[80]Hicks, 2013, p. 63.

Percorremos o caminho até aqui para entender a pastoral-missional de Moisés marcada por quatros características:

1. *libertação*, porque *Deus nos ama*;
2. *aliança*, porque *Deus nos une*;
3. *Lei*, porque *Deus nos ensina*;
4. *Tabernáculo*, porque *Deus nos habita*.

No capítulo 2, abordamos a pastoral-missional de Moisés, que mostrou ao povo que "Deus nos ama". O amor de Deus é um amor intolerante, porque não aceita a opressão-escravidão. Moisés, depois de suas crises, vai a Faraó, no Egito, como instrumento de Deus para que o povo fosse liberto, a fim de 1) *proclamar*, 2) *adorar* e 3) *celebrar* a Deus.

No capítulo 3, abordamos a segunda característica da pastoral-missional de Moisés, que mostrou ao povo que "Deus nos une". Deus é Deus de aliança. Esse povo liberto está agora abraçado por Deus, como povo que é 1) *propriedade exclusiva*, 2) *reino de sacerdotes* e 3) *nação santa*. Esse povo foi escolhido por Deus *dentre* as nações do mundo, não por meritocracia, mas com o propósito de mediar sacerdotalmente as nações, *para* que também passem a ser povo de Deus, uma nação santa *entre* os povos como modelo para os demais.

No capítulo 4, abordamos a terceira característica da pastoral--missional de Moisés, que revelou ao povo o caráter educador desse "Deus que nos ensina". Um povo liberto e unido em aliança com Deus precisa agora conhecer esse próprio Deus, por meio dos Dez Mandamento e do Livro da Lei! Vimos que o ensino de Deus está centrado no próprio Deus, mas voltado para a humanidade. Vimos também que se exige obediência, porque as instruções de Deus são para que seu povo viva de modo abundante!

No capítulo 5, abordamos a quarta característica da pastoral-missional de Moisés, que revelou ao povo a pessoalidade de Deus.

Deus é Deus em relacionamento! Deus habita no meio de seu povo, em uma presença tabernacular, como símbolo visível de que o Eu Sou também é o Eu estou!

Começamos nossa jornada, no capítulo 1, demonstrando as crises que Moisés teve de enfrentar para finalmente partir para o Egito como instrumento de Deus para libertar os israelitas da dura servidão e escravidão. Vimos que foi necessário Moisés vencer suas crises nas áreas da 1) *identidade pessoal*, da 2) *identidade de Deus e de seu povo*, da 3) *autoridade*, da 4) *incapacidade e falta de influência* e do 5) *medo*. Vencidas as crises, e tendo Moisés partido para o Egito, Deus em momento algum deixou de fazer o que havia prometido a Moisés, quando o convenceu de que não estaria só na jornada e lhe garantiu: "Eu serei contigo; e este será o sinal de que eu te enviei: depois de haveres tirado o povo do Egito, servireis a Deus neste monte" (Êx 3:12). Deus, além de assegurar a Moisés o que faria por meio dele, garantiu-lhe acima de tudo que estaria presente com ele! Havia ficado claro para Moisés que o Eu Sou é também o Eu estou, que jamais o abandonaria nessa parceria para libertar o povo oprimido.

A próxima estação dessa nossa jornada é o próprio Moisés. Mostramos até aqui como ele começou sua pastoral-missional. De agora em diante, veremos como ele a terminou. Sucesso e fracasso sempre estão diante dos líderes, e com Moisés não foi diferente!

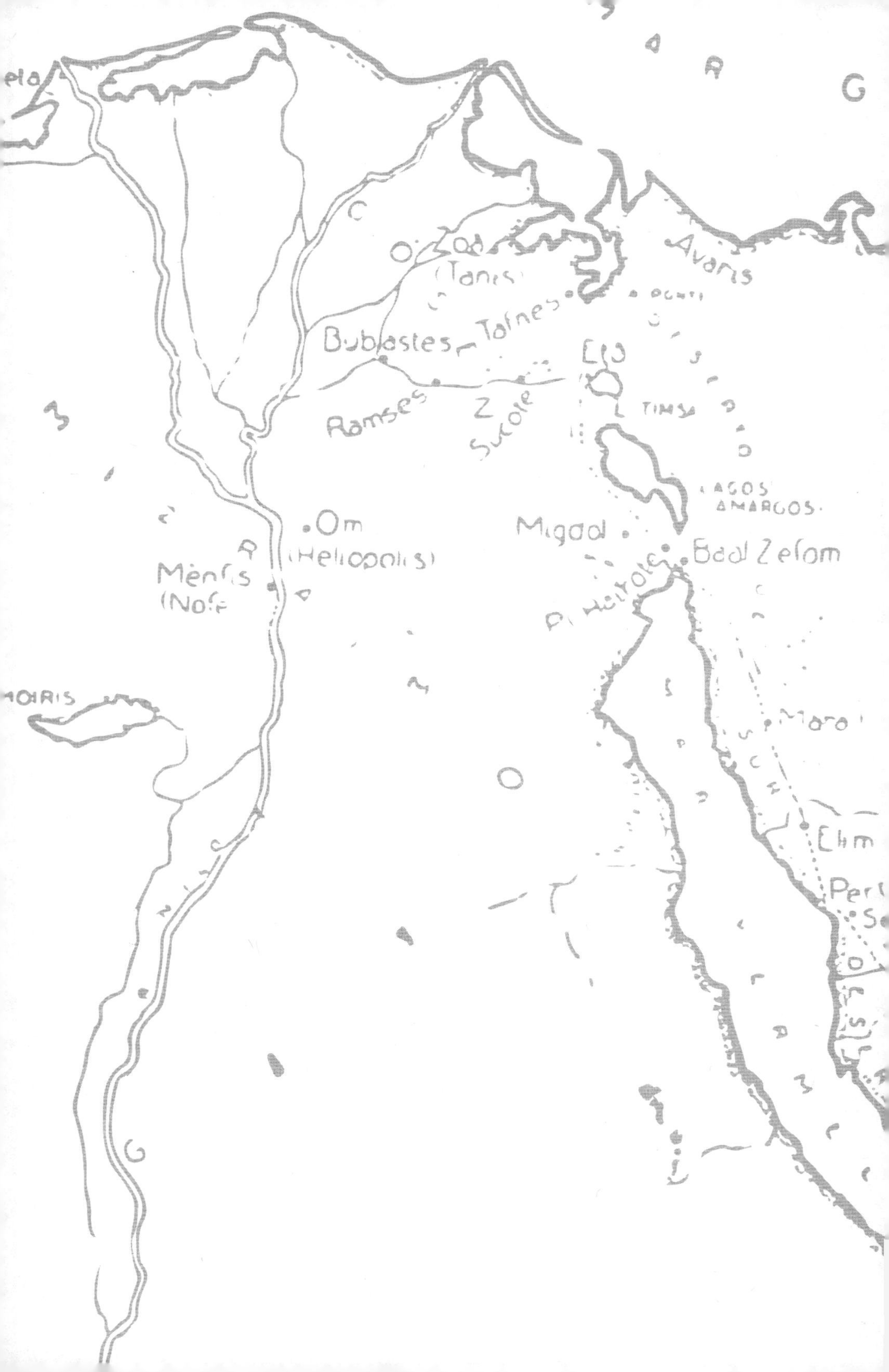
Zoa
(Tanis)
Avaris
Tafnes
Bublastes
Ramses
Sucote
TIMSA
LAGOS
AMARGOS
Om
(Heliopolis)
Mênfis
(Nofe)
Migdol
Baal Zefom
MOIRIS
Mara
Elim

CAPÍTULO 6

SUCESSO E FRACASSO NA VIDA DE UM LÍDER

———

"PRECISAMOS CUIDAR DE NOSSA INTEGRIDADE, NA CERTEZA DE QUE DEUS CUIDARÁ DE NOSSA REPUTAÇÃO, POIS MUITAS VEZES INVERTEMOS O PROCESSO. É TENTADOR CUIDAR MAIS DE NOSSA REPUTAÇÃO E DESCUIDAR DA INTEGRIDADE. REPUTAÇÃO SEM INTEGRIDADE É ESCÂNDALO. REPUTAÇÃO COM INTEGRIDADE É BÊNÇÃO."

———

MOISÉS É UM EXCELENTE ESTUDO DE CASO DE LIDERANÇA. Não foi um homem perfeito, e, justamente por isso, sua experiência e ministério nos oferecem excelentes lições. Afinal de contas, nem você, nem — muito menos — eu somos perfeitos! Moisés foi um líder que experimentou sucesso e fracasso, vitória e desapontamento, crises e realizações. Antes de tudo, era um ser humano, com paixões, ansiedades, iras, descontroles, angústias, sofrimentos e medos. Nada diferente de nós! Por isso mesmo, não nos cabe aproximarmo-nos de Moisés com o dedo em riste, apontando suas falhas. Portanto, este capítulo não tem por objetivo incriminar Moisés, mas, sim, aprender com ele. Ninguém está isento de cometer os mesmos erros e pecados que ele cometeu. Ao contrário, estas mesmas dificuldades continuam presentes e ativas na vida de muitos líderes pastorais, infelizmente.

Quem se interessa somente pelos casos de líderes considerados bem-sucedidos e se dedica a estudá-los a fundo revela os próprios desejos de querer ser super-herói, empurrando suas idiossincrasias.[81] para debaixo do tapete. E inconscientemente talvez esteja correndo o risco de se tornar excessivamente idealista e irreal, não levando em conta a própria humanidade. O mundo busca mitos, mas no fundo precisa de humanos. Jesus não foi um mito; ao contrário, "o Verbo se fez carne e habitou entre nós" (Jo 1:14), e "a si mesmo se esvaziou, assumindo a forma de servo, tornando-se em semelhança de homens; e, reconhecido em figura humana, a si mesmo se humilhou, tornando-se obediente até à morte e morte de cruz" (Fp 2:7,8).

Precisamos estudar líderes que foram e são humildes o suficiente para reconhecer seus erros e quedas. Esses estão mais próximos dos mortais que os tido por heróis. Moisés foi alguém que experimentou vitória e fracasso, e, apesar de tudo, a Bíblia afirma que era um homem de Deus (Dt 33:1; Ed 3:2).

---

[81]Traços comportamentais característicos de um indivíduo ou de um grupo de pessoas, ou seja, aquilo que lhe é próprio.

AS MARCAS DO SUCESSO DE MOISÉS

> Esta é a bênção que Moisés, *homem de Deus*, deu aos filhos de Israel, antes da sua morte (Dt 33:1).

> ... como escrito na Lei de Moisés, *homem de Deus* (Ed 3:2).

Precisamos cuidar de nossa integridade, na certeza de que Deus cuidará de nossa reputação, pois muitas vezes invertemos o processo. É tentador cuidar mais de nossa reputação e descuidar da integridade. Reputação sem integridade é escândalo. Reputação com integridade é bênção. Moisés buscou ser um homem de integridade, força e caráter. Por que Moisés foi considerado um homem de Deus?

Fidelidade

> ... o qual é *fiel*, àquele que o constituiu, como também o era Moisés em toda a casa de Deus (Hb 3:2).

> Moisés era *fiel*, em toda a casa de Deus, como servo, para testemunho das coisas que haviam de ser anunciadas (Hb 3:5).

Essas afirmações do autor de Hebreus mostram que a fidelidade de Moisés se espelha na de Deus, o qual "é fiel àquele que o constituiu". Moisés também é encontrado fiel na tarefa para a qual foi designado em toda a casa de Deus. Paulo diz que "o que se requer dos despenseiros é que cada um deles seja encontrado fiel" (1Co 4:2).

Fidelidade e eficiência demonstram nossa lealdade para com Deus, assim como nosso desejo de buscar o melhor para Deus. Encontramos líderes fiéis, mas não eficazes. Também encontramos líderes eficazes, mas não fiéis. Nosso alvo deve ser integrar ambas as características, como Moisés o fez em seu ministério.

Em Hebreus 11:23-29, podemos ver que Moisés é classificado como alguém que realmente viveu e trabalhou pela fé:

> *Pela fé*, Moisés, apenas nascido, foi ocultado por seus pais, durante três meses, porque viram que a criança era formosa; também não ficaram amedrontados pelo decreto do rei. *Pela fé*, Moisés, quando já homem feito, recusou ser chamado filho da filha de Faraó, preferindo ser maltratado junto com o povo de Deus a usufruir prazeres transitórios do pecado; porquanto considerou o opróbrio de Cristo por maiores riquezas do que os tesouros do Egito, porque contemplava o galardão. *Pela fé*, ele abandonou o Egito, não ficando amedrontado com a cólera do rei; antes, permaneceu firme como quem vê aquele que é invisível. *Pela fé*, celebrou a Páscoa e o derramamento do sangue, para que o exterminador não tocasse nos primogênitos dos israelitas. *Pela fé*, atravessaram o mar Vermelho como por terra seca; tentando-o os egípcios, foram tragados de todo.

Fé, no fim das contas, é *fidelidade*!

> Ora, a fé é a certeza de coisas que se esperam, a convicção de fatos que se não veem. Pois, pela fé, os antigos obtiveram bom testemunho. Pela fé, entendemos que foi o universo formado pela palavra de Deus, de maneira que o visível veio a existir das coisas que não aparecem (Hb 11:1-3).

Quando alguém crê e tem a convicção de esperar que as coisas aconteçam, isso não é porque essa pessoa tem fé nas coisas em si, mas no fato de que Deus é Deus e tudo pode! Ninguém nunca viu o

134 Pastoral a caminho

universo sendo formado, mas o fato é que ele foi. Tanto isso é verdade, que justamente vivemos neste universo já formado. Contudo, não cremos no universo, mas, sim, na Palavra de Deus, que fez com que o visível viesse a "existir das coisas que não aparecem" (Hb 11:3). Isso, como já dissemos, é o que revela que a *fé*, no fim das contas, é o mesmo que fidelidade! Fidelidade a Deus e à sua Palavra, que faz com que as coisas que esperamos se tornem realidade!

Moisés foi, portanto, um homem fiel a Deus, e isso lhe garantiu estar na galeria dos heróis da fé de Hebreus, uma vez que viveu e andou em fidelidade, ou seja, pela fé (cinco vezes no texto mencionado).

Atitude de servo

Assim, morreu ali Moisés, *servo* do Senhor... (Dt 34:5).

... Lei de Deus, que foi dada por intermédio de Moisés, *servo* de Deus... (Ne 10:29).

... escritas na Lei de Moisés, *servo* de Deus... (Dn 9:11).

Lembrai-vos da Lei de Moisés, meu servo... (Ml 4:4).

Moisés era fiel em toda a casa de Deus, como *servo*, para testemunho das coisas que haviam de ser anunciadas (Hb 3:5).

... e entoavam o cântico de Moisés, *servo* de Deus... (Ap 15:3).

Ser *servo* é condição para todos os vocacionados como líderes. Moisés era servo, e servo do Senhor! Somente um servo pode suportar todas as circunstâncias que Moisés enfrentou. O povo o confrontou, o negligenciou, lhe desobedeceu e, pior ainda, o traiu. Mesmo assim, Moisés continuou a liderá-lo para conquistar a tão sonhada liberdade no rumo da Terra Prometida. Ele foi chamado por Deus de "meu servo" (Ml 4:4).

Muitos líderes preocupam-se por demais com a maneira de as pessoas se dirigirem a eles (pastor, reverendo, mestre, doutor). Deveriam se preocupar, antes, com o modo que Deus os chama. Precisamos sempre nos lembrar de que Deus assim deseja dizer a nosso respeito: "Muito bem, *servo* bom e fiel; foste fiel no pouco, sobre o muito te colocarei; entra no gozo do teu senhor" (Mt 25:21). Liderança é serviço amoroso em ação para todas as pessoas e, em particular, para aquelas que Deus nos deu a responsabilidade de cuidar. Por isso, imitamos Jesus, que assim afirmou: "Pois o próprio Filho do Homem não veio para ser servido, mas para *servir* e dar a sua vida em resgate por muitos" (Mc 10:45). Líderes são pessoas que devem simplesmente "andar assim como ele andou" (1Jo 2:6). E esse andar é essencialmente em humildade.

Humildade

> Era o varão Moisés mui *manso*, mais do que todos os homens que havia sobre a terra (Nm 12:3).

Como *homem de Deus*, Moisés foi um servo humilde. A Bíblia diz que Deus "escarnece dos escarnecedores, mas dá graça aos *humildes*" (Pv 3:34). E também que "Deus resiste aos soberbos, contudo, aos *humildes* concede a sua graça. Humilhai-vos, portanto, sob a poderosa mão de Deus, para que ele, em tempo oportuno, vos exalte" (1Pe 5:5,6).

Uma das questões centrais na vida de Faraó era o orgulho. Moisés e Arão precisaram confrontá-lo: "Assim diz o SENHOR, o Deus dos hebreus: Até quando recusarás humilhar-te diante de mim? Deixa ir o meu povo, para que me sirva" (Êx 10:3). O testemunho bíblico sobre Moisés, nesta questão da humildade, é incrível. Afirma que "Moisés mui *manso* [humilde], mais do que todos os homens que havia sobre a terra" (Nm 12:3). Só existe uma direção para a exaltação: *descer!* Jesus, para ser exaltado por Deus, "a si mesmo se humilhou" (Fp 2:8). Apenas esse caminho garante esta ação de Deus: "... pelo que também Deus o *exaltou sobremaneira* e lhe deu o nome que *está acima* de todo nome" (Fp 2:9).

Oração

> *Prostrado* estive perante o Senhor [...] *Orei* ao Senhor, dizendo... (Dt 9:18,26).

Ação pastoral sem oração é o mesmo que ação sem permissão. A maioria dos pastores sofre nesta área da vida. Os dois principais problemas da vida dos pastores são: a falta de atenção a sua espiritualidade e a falta de atenção a sua família. Moisés ajuda-nos a entender quão crucial é a oração no ministério, especialmente em relação àquelas pessoas que são "osso duro de roer" e nos traem.

Moisés ora pelo povo e por seu irmão, Arão, que o traiu incitando o povo contra ele e contra Deus. Sinta a dor de Moisés diante dessa trágica experiência de traição do povo e de seu próprio irmão:

> Prostrado estive perante o Senhor, como dantes, quarenta dias e quarenta noites; não comi pão e não bebi água, por causa de todo o vosso pecado que havíeis cometido, fazendo mal aos olhos do Senhor, para o provocar à ira. Pois temia por causa da ira e do furor com que o Senhor tanto estava irado contra vós outros para vos destruir; porém ainda esta vez o Senhor me ouviu. O Senhor se irou muito contra Arão para o destruir; mas também orei por

Arão ao mesmo tempo. Porém tomei o vosso pecado, o bezerro que tínheis feito, e o queimei, e o esmaguei, moendo-o bem, até que se desfez em pó; e o seu pó lancei no ribeiro que descia do monte. Também em Taberá, em Massá e em Quibrote-Hataavá provocastes muito a ira do SENHOR. Quando também o SENHOR vos enviou de Cades-Barneia, dizendo: Subi e possuí a terra que vos dei, rebeldes fostes ao mandado do SENHOR, vosso Deus, e não o crestes, e não obedecestes à sua voz. Rebeldes fostes contra o SENHOR, desde o dia em que vos conheci. Prostrei-me, pois, perante o SENHOR e, quarenta dias e quarenta noites, estive prostrado; porquanto o SENHOR dissera que vos queria destruir. Orei ao SENHOR, dizendo: Ó SENHOR Deus! Não destruas o teu povo e a tua herança, que resgataste com a tua grandeza, que tiraste do Egito com poderosa mão. Lembra-te dos teus servos Abraão, Isaque e Jacó; não atentes para a dureza deste povo, nem para a sua maldade, nem para o seu pecado, para que o povo da terra donde nos tiraste não diga: Não tendo podido o SENHOR introduzi-los na terra de que lhes tinha falado e porque os aborrecia, os tirou para matá-los no deserto. Todavia, são eles o teu povo e a tua herança, que tiraste com a tua grande força e com o braço estendido (Dt 9:18-29).

Na tarefa da liderança pastoral, facilmente corremos o risco de transformar amor em ódio. Quantos pastores passaram por igrejas e experimentaram essa relação. Consequentemente, muitos pastorados passam a ser desenvolvidos com frustração. A oração não somente é um poderoso instrumento no ministério pastoral, mas também nos torna mais cientes e mais dependentes de Deus. Além disso, também permite que coloquemos nossas dores, frustrações e qualquer sentimento impróprio nas mãos de Deus. Somente assim podemos vencer tais situações e sentimentos. Se falharmos nesse processo, muito provavelmente a derrota nos espera ali na frente.

138 Pastoral a caminho

Profecia

> Nunca mais se levantou em Israel profeta algum como Moisés,
> com quem o SENHOR houvesse tratado face a face, no tocante a
> todos os sinais e maravilhas que, por mando do SENHOR, fez na
> terra do Egito, a Faraó, a todos os seus oficiais e a toda a sua terra;
> e no tocante a todas as obras de sua poderosa mão e aos gran-
> des e terríveis feitos que operou Moisés à vista de todo o Israel
> (Dt 34:10-12).

Moisés não somente era o homem mais humilde da face da terra,
mas também um profeta sem igual em Israel. No início, Moisés teve
problemas para aceitar esse ofício profético. Mesmo que Deus tenha
dito que o ajudaria a falar e o ensinaria o que deveria dizer (Êx 4:12),
Moisés rapidamente recusou. E foi nesse contexto que Deus disse:
"Vê que te constituí como Deus sobre Faraó, e Arão, teu irmão, *será
teu profeta*" (Êx 7:1). O profeta deveria ser Moisés, e não Arão. Moisés
logo aprendeu que Deus era mais poderoso que Faraó e que ele mesmo se tornou o homem "com quem o SENHOR houvesse tratado face
a face" (Dt 34:10). Esta era a fonte da sua autoridade: o próprio Deus!

Pedro, em seu discurso no Templo, ao dizer que Deus falou pela
boca de seus santos profetas desde a antiguidade, citou Moisés, dizendo: "Disse, na verdade, Moisés: O Senhor Deus vos suscitará dentre
vossos irmãos um *profeta* semelhante a mim; a ele ouvireis em tudo
quanto vos disser" (At 3:22). Também Estêvão, em sua defesa, reconheceu o profetismo de Moisés, dizendo: "Foi Moisés quem disse
aos filhos de Israel: Deus vos suscitará dentre vossos irmãos um
profeta semelhante a mim" (At 7:37). É impressionante a centra-
lidade de Moisés, que Estêvão disse em seu discurso de defesa ser
"formoso aos olhos de Deus" (At 7:20), tendo-o mencionado onze
vezes!

Realização

> ... e no tocante a todas as obras de sua poderosa mão e aos *grandes e terríveis feitos que operou Moisés* à vista de todo o Israel (Dt 34:12).

Por fim, Moisés foi um homem que realizou obras maravilhosas (obras de poder). Ele era não somente humilde, não somente o maior profeta que conheceu o Senhor face a face, mas foi também usado por Deus por meio de "*grandes e terríveis feitos que operou Moisés à vista de todo o Israel*" (Dt 34:12). Ou seja, Moisés foi um homem de ação e de poder. E isso fluía de seu relacionamento com Deus, demonstrando coerência e integridade de vida.

No mesmo discurso de defesa de Estêvão (At 7), mencionado anteriormente, há uma declaração que sintetiza esse aspecto da vida de Moisés. Ele "foi *educado* em toda a ciência dos egípcios e era poderoso em *palavras e obras*". Que síntese perfeita: uma educação que o leva a integrar o saber com o fazer (a grande questão da educação, expressa na relação entre teoria e prática). Isso invariavelmente nos remete a Jesus, que, assim como Moisés, "era varão *profeta, poderoso em obras e palavras*, diante de Deus e de todo o povo" (Lc 24:19). Profeta é, sim, aquele que fala da parte do Senhor. Mas isso é a metade do caminho, pois profeta é também aquele que faz da parte do Senhor! Falar para fazer e fazer para falar. Isso tem nome: integridade que conduz à integralidade de e na vida!

A práxis é um eixo central na liderança pastoral. Em Deus, somos equipados por seu poderoso poder, não somente para influenciar positivamente as pessoas, mas também para realizar obras que trarão honra e glória a seu nome! No entanto, quando isso não acontece — honrar e glorificar a Deus em tudo —, ali no horizonte se avistam lances de fracasso. E mesmo tantas marcas positivas impressionantes na vida de Moisés não foram suficientes para o impedir de fracassar! Vejamos também as marcas de seu fracasso.

AS MARCAS DO
FRACASSO DE MOISÉS

Liderar o povo de Deus como agente pastoral não se resume apenas a experiências de sucesso. Antes fosse! Fracasso e desapontamento também fazem parte do ministério pastoral. Não há como negar que Moisés é visto como "herói" e que pouco se fala dos motivos que o levaram ao fracasso. É marcante o fato de que a Bíblia não esconde os erros e fracassos das pessoas. E graças a Deus que esses fatos estão escancarados para quem quiser ver e aprender com eles. Quem assim o faz é sábio e inteligente, porque corre menos risco de fracassar ao observar o fracasso dos que vieram antes dele!

Em Números 20:2-13, vemos o fracasso visitando a vida de Moisés junto às águas de Meribá. Moisés recebe instruções claras para lidar com a queixa do povo contra ele e contra Arão exatamente fazendo uso do mesmo cajado, símbolo de condução pastoral, que Deus dera a Moisés para realizar milagres na libertação de seu povo. Um novo milagre aconteceria com esse cajado em suas mãos, e, para isso, Deus dá a seguinte orientação a Moisés:

> *Toma o bordão* [cajado], ajunta o povo, tu e Arão, teu irmão, e, diante dele, falai à rocha, e dará a sua água; assim lhe tirareis água da rocha e dareis a beber à congregação e aos seus animais. Então, Moisés tomou o bordão de diante do Senhor, como lhe tinha ordenado. Moisés e Arão reuniram o povo diante da rocha, e Moisés lhe disse: Ouvi, agora, rebeldes: porventura, faremos sair água desta rocha para vós outros? Moisés levantou a mão e feriu a rocha duas

vezes com o *seu bordão* [cajado], e saíram muitas águas; e bebeu a congregação e os seus animais (Nm 20:8-11).

Deus disse claramente: "toma o bordão [...] falai à rocha". Qual parte dessa fala Moisés não entendeu? Contudo, Moisés, por sua conta e risco, em vez de falar "levantou a mão e feriu a rocha duas vezes com o seu bordão". O que foi isso? Isso foi um claro ato de desobediência e insubordinação! Por conseguinte, Deus disse a ele e a seu irmão: "Visto que não crestes em mim, para me santificardes diante dos filhos de Israel, por isso, não fareis entrar este povo na terra que lhe dei" (Nm 20:12). Resultado: consequências tanto para Moisés quanto para o povo!

Em nossa práxis ministerial, não temos o direito de usar nosso cajado pastoral como instrumento de poder, manipulação, descontrole e ambição, elementos esses que infelizmente estão presentes no ministério pastoral. Tanto Moisés quanto outras pessoas não entrariam na Terra Prometida. Várias interpretações existem sobre os motivos para isso. Destaco três:

ABUSO DE PODER E DA LIDERANÇA

Peculiar ao Cristianismo, porém, é que a Lei se consubstancia no indivíduo pastor: não se trata de cada fiel conhecer integralmente a Lei, mas de se submeter inteiramente ao conhecimento do sacerdote, a lei corporificada e exemplificada na conduta incorruptível do mesmo. Assim, a *apátheia* cristã não só é reforçada, mas também legalmente legitimada.[82]

---

[82]Zabatiero, 2016, p. 95.

Moisés foi chamado por Deus para ser seu servo. Enquanto se comportou como servo, Deus lhe concedeu sucesso e vitória. Mas, nas águas em Meribá, Moisés tirou vantagem de sua autoridade como líder e usou de sua liderança pastoral como forma de poder autoritário. Wildavsky observa que "Moisés não somente se distanciou de Deus, duvidando da capacidade da sua obra, mas também se distanciou do povo, assumindo um poder como se fosse de Deus".[83] Moisés quis mostrar seu poder aos olhos de todos os israelitas. Com essa atitude, desonrou a Deus como o único digno de ser adorado diante dos israelitas. Se tivesse somente falado com a rocha, segundo as ordens que Deus lhe dera, Deus o teria honrado. Mas, com sua atitude, Moisés quis honrar a si próprio.

Essa questão é central na liderança: como líderes, somos tentados a pensar que podemos resolver todos os problemas do nosso jeito. Precisamos lembrar o que disse o salmista: "Uma vez falou Deus, duas vezes ouvi isto: *Que o poder pertence a Deus*, e a ti, Senhor, pertence a graça, pois a cada um retribuis segundo as suas obras" (Sl 62:11,12). O poder não pertence ao líder; o poder pertence a Deus! A autoridade na vida de um líder é sempre derivada, nunca autocentrada! O próprio Jesus disse: "Toda a autoridade me foi dada no céu e na terra" (Mt 28:18). Se lhe fora dada, é porque não era dele e, nesse caso, veio do Pai! Da mesma forma, o próprio Jesus assim disse na sinagoga de Nazaré: "O Espírito do Senhor está sobre mim, pelo que *me ungiu para...*" (Lc 4:18). Jesus não desenvolveu seu ministério em seu próprio poder. Ao sair do deserto, onde sofreu as tentações malignas, "Jesus, *no poder do Espírito*, regressou para a Galileia, e a sua fama correu por toda a circunvizinhança" (Lc 4:14).

---

[83] 1984, p. 156.

As pessoas observam seus líderes. Ser líder significa ter a responsabilidade de ser um exemplo-modelo para o povo/rebanho. Não é tarefa fácil, mas se exige de todos os que servem a Deus por meio do ministério pastoral que se tornem "*modelos* do rebanho" (1Pe 5:3). Wildavsky disse:

> Para o bem ou para o mal, suas obras (e talvez mais do que as palavras) falam por eles. Líderes são também mestres no sentido em que seus comportamentos constituem um exemplo que os seguidores observam [...] eles aprenderão. O Senhor ira-se porque Moisés ensinou uma lição errada — erra sobre deliberação, força e não persuasão, divisão e não unidade, rebelião e não fé.[84]

Pelo fato de Moisés pressupor que ele e seu irmão eram muito poderosos, o próximo motivo foi inevitável: autoadmiração e autoadoração.

AUTOADMIRAÇÃO E AUTOADORAÇÃO

Moisés e Arão estavam conscientes a respeito do que Deus havia afirmado no passado:

> ... nenhum dos homens que, tendo visto a minha glória e os prodígios que fiz no Egito e no deserto, todavia, me puseram à prova já dez vezes e não obedeceram à minha voz, nenhum deles verá a terra que, com juramento, prometi a seus pais, sim, nenhum daqueles que me desprezaram a verá (Nm 14:22,23).

---

[84]1984, p. 163.

144 Pastoral a caminho

Deus é o único a ser adorado! Ninguém pode usurpar a glória que somente a Deus é devida. De acordo com Números 20:10, Moisés e Arão ajuntaram o povo em assembleia na frente da rocha. O palco estava armado. Mais um ato de poder e de milagre estava prestes a acontecer. E foi assim que Moisés disse ao povo: "Ouvi, agora, rebeldes: porventura, faremos sair água desta rocha para vós outros?". Tiraremos? Quem tiraria, Moisés e Arão, Moisés e Deus? Não importa! O que importa é que "Moisés foi culpado pela mais terrível forma de idolatria — a autoadoração".[85] Significa que Moisés assumiu o lugar que só a Deus pertence. Ele empurra Deus para o lado e se coloca no centro. Uma mudança do *alto* para o *auto*! Ao chamar a atenção do povo para si, automaticamente estava projetando a si mesmo. Ao dedicar um salmo para que somente Deus fosse honrado, assim começou o salmista: "Não a nós, Senhor, não a nós, mas ao teu nome dá glória" (Sl 115:1).

E é incrível como cada ato naturalmente desencadeia no próximo! O abuso de poder faz com que a pessoa se sinta poderosa e assim deseje ficar em evidência, sendo admirada e adorada pelos demais. Depois disso, sendo o centro das atenções, chama atenção para si, e não para Deus. E troca-se a fé pela força!

A FÉ É TROCADA
PELA FORÇA

Quando Moisés bateu na rocha duas vezes com seu instrumento pastoral (o cajado), Deus lhe disse: "visto que não crestes em mim [o suficiente]" (Nm 20:12). A fé, como já vimos, foi uma característica presente e forte na vida e no ministério pastoral de Moisés. Ele usou

---

[85]Wildavsky, 1984, p. 163.

Sucesso e fracasso na vida de um líder **145**

o cajado pela fé, foi a Faraó pela fé, deixou o Egito pela fé, cruzou o mar vermelho e dirigiu o povo a uma terra seca pela fé. Por essas e outras razões, é que Moisés está na galeria da fé de Hebreus:

> Pela fé, ele abandonou o Egito, não ficando amedrontado com a cólera do rei; antes, permaneceu firme como quem vê aquele que é invisível. Pela fé, celebrou a Páscoa e o derramamento do sangue, para que o exterminador não tocasse nos primogênitos dos israelitas. Pela fé, atravessaram o mar Vermelho como por terra seca; tentando-o os egípcios, foram tragados de todo (Hb 11:27-29).

Infelizmente agora Moisés desobedece à voz de Deus e usa o cajado não com fé, mas com a própria força e no próprio poder. Poder se impõe; autoridade se conquista! Como se conquista? Sendo modelo de um servo que obedece, e não de um autocrata que impõe e manda. O ponto central é que Moisés (assim como seu irmão) não creu em Deus o suficiente para ver sair água da rocha. Em vez de exortar esse povo de dura cerviz ("rebeldes") para dar um passo de fé naquele momento, em confiança e em obediência a Deus, Moisés atendeu ao pedido deles com uma atitude arrogante.[86] O que seria, para Deus, o desafio de tirar água de uma rocha, comparado às dez pragas e à passagem pelo mar Vermelho?

A tendência humana é sempre reclamar, e não dar graças em tudo. As atitudes do povo podem contribuir para que seus líderes pequem diante de Deus.

Em Marcos 10, Jesus ensina a usar o poder como instrumento de serviço e não como instrumento para nós mesmos. Moisés, em vez de aproveitar essa nova situação de crise do povo para ensiná-lo a crer em Deus, deu ao povo, pelo contrário, o que este queria... e

---

[86]Wildavsky, 1984, p. 156.

da maneira errada. Observe como Moisés começa sua fala ao povo: "Ouvi agora, *rebeldes*". Seu tom talvez denuncie sua raiva. E, em seu descontrole e chateação, Moisés diz: "porventura, faremos sair água desta rocha para vós outros?". Teria sido completamente diferente se tivesse dito: "Ouvi agora, incrédulos: "porventura Deus não é poderoso para tirar água desta rocha para vós outros?"". Essa foi a tragédia que mudou o rumo e a história de Moisés e do povo: o "porventura, faremos" *versus* o "porventura Deus". Esse "porventura, faremos" foi suficiente para virar o leme do navio que singrou em outra direção:

> ... o SENHOR disse a Moisés e a Arão: Visto que não crestes em mim, para me santificardes diante dos filhos de Israel, por isso, não fareis entrar este povo na terra que lhe dei. São estas as águas de Meribá, porque os filhos de Israel contenderam com o SENHOR; e o SENHOR se santificou neles (Nm 20:12,13).

Nenhuma liderança é eterna. Só Deus o é! Líderes, mais cedo ou mais tarde, serão substituídos, quer queiram, quer não. Esse processo é chamado continuidade e descontinuidade. Contudo, muitos pastores acabam agindo e se comportando como se fossem eternos. Esse é o ritmo do ministério pastoral: uns estão iniciando; outros terminando. Uns entrando no seminário; outros entregando a igreja.

Descontinuidade é o fim de um ciclo. É o rompimento do que se vinha fazendo e do que estava acontecendo, com um futuro que será interrompido. É o duro processo de chegar à conclusão de que acabou!

Essa interrupção pode ser fruto de um processo natural; por exemplo, a morte, como ilustrado por Paulo e José.

Paulo:

> Combati o bom combate, completei a carreira, guardei a fé. Já agora a coroa da justiça me está guardada, a qual o Senhor, reto juiz, me dará naquele Dia; e não somente a mim, mas também a todos quantos amam a sua vinda (2Tm 4:7,8).

José:

> Faleceu José, e todos os seus irmãos, e toda aquela geração (Êx 1:6).

Pode também ser fruto de uma intervenção, que por sua vez pode ser positiva ou negativa. É positiva quando a transição da liderança, e aqui no nosso caso a pastoral, é fruto de um novo ciclo de desafio estabelecido por Deus. Eis alguns exemplos: começar um novo ministério em outra cidade, mudar de país, aceitar um convite para estar à frente de uma posição na denominação ou em alguma organização e questões afins. É negativa quando é fruto das más atitudes, maus comportamentos, falha de caráter, desobediência, cisão pecaminosa e, por consequência, ter de ser tirado da função, cargo ou ministério.

Seja a intervenção positiva ou negativa, o fato é que todos os líderes um dia estarão face a face com a descontinuidade, como já dissemos — o fim de um ciclo.

A continuidade, por sua vez, é justamente o contrário. É o começo de um novo ciclo que vai conectar alguma coisa, algo ou alguém, relacionando o presente ao futuro. Isso pode se dar no mesmo ambiente ou em um ambiente totalmente novo. Se o líder tem um tempo determinado na igreja (como o que é determinado em assembleia) e esse prazo termina para se renovar por mais um período de anos, isso não deixa de ser um novo ciclo. O ambiente é antigo, mas o ciclo é novo. Nesse caso, houve a renovação do ministério pastoral na própria igreja.

148 Pastoral a caminho

Na vida de Moisés, podemos ver claramente esse processo de continuidade e descontinuidade. Sua desobediência acelerou o processo que afetou sua liderança pastoral, colocando um fim nesse ciclo. Deus disse a Moisés: "Visto que não crestes em mim, para me santificardes diante dos filhos de Israel, por isso, *não fareis entrar este povo na terra que lhe dei*" (Nm 20:12). É o "não" de Deus ao novo ciclo que Moisés poderia experimentar na Terra Prometida! E, para que não houvesse dúvida alguma, o próprio Deus incumbe-se de trazer à luz seus motivos: "Porquanto, no deserto de Zim, na contenda da congregação, fostes rebeldes ao meu mandado de me santificar nas águas diante dos seus olhos. São estas as águas de Meribá de Cades, no deserto de Zim" (Nm 27:14). Sem sombra de dúvida, a incredulidade e a autoadoração determinaram o fim do ciclo do pastoreio de Moisés!

Façamos justiça a esse grande homem de Deus! (Dt 33:1; Ed 3:2). Mesmo que Moisés tenha falhado em obedecer a Deus, e por isso tenha recebido essa dura punição, ainda assim teve uma incrível preocupação e um excelente cuidado pastoral para com o povo. Moisés pediu a Deus um líder que tomasse seu lugar (descontinuidade-continuidade). Isso nos mostra que ele mesmo reconheceu seu erro e intercedeu a Deus para que esse povo, por ele guiado e pastoreado, não ficasse sem liderança, como ovelhas que não têm pastor. E foi assim que Deus chamou Josué para ser o sucessor de Moisés, para continuar o processo de libertação que Deus havia começado no Egito. E Moisés, humildemente, assim disse a Deus:

> O Senhor, autor e conservador de toda vida, ponha um homem sobre esta congregação que saia adiante deles, e que entre adiante deles, e que os faça sair, e que os faça entrar, para que a congregação do Senhor não seja *como ovelhas que não têm pastor*" (Nm 27:16,17).

Uma das grandes lições na vida e na liderança de Moisés que devemos aprender é esta: "líderes de pessoas livres não deveriam ser figuras cúlticas".[87] Jesus já nos ensinou a rota de fuga para essa tentação: "Ao Senhor, teu Deus, adorarás, e só a ele darás culto" (Lc 4:8).

Lembre-se sempre em sua vida e em seu ministério pastoral da seguinte verdade: não importa para quem Deus deu a visão, mas, sim, para quê! *Para quem* nos coloca no centro, porque queremos ser reconhecidos. *Para que* nos remete a Deus e aos seus propósitos em nossa vida!

Cuide de sua integridade, que Deus cuidará de sua reputação!

---

[87]Wildavsky, 1984, p. 200.

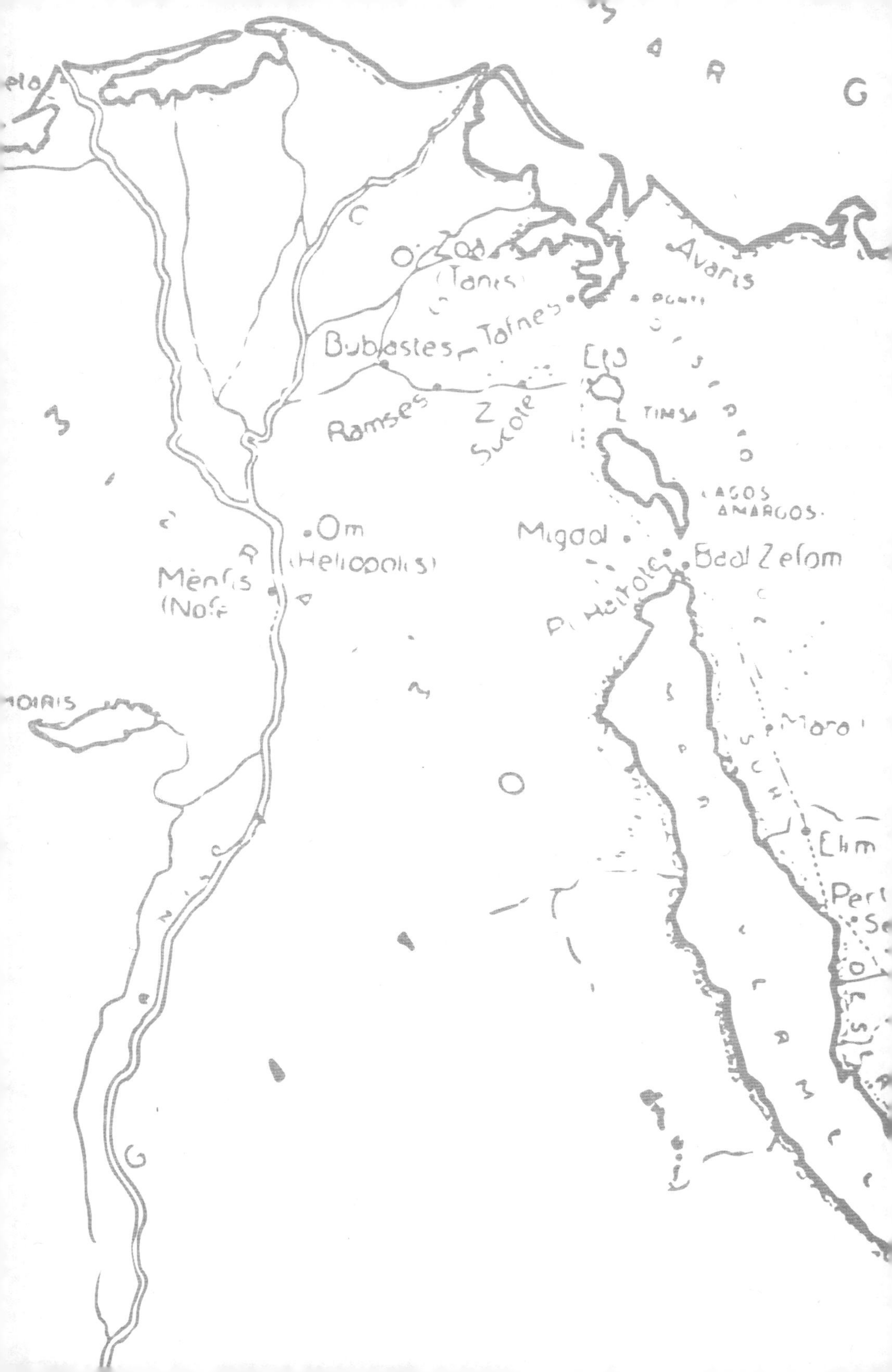

Zoa
(Tanis)
Avaris
Tafnes
Bubastes
Ramses
Sucote
L. TIMSA
LAGOS
AMARGOS
Om
(Heliopolis)
Migdal
Baal Zefom
Pi Hairote
Mênfis
(Nof)
MOIRIS
Mara
Elim

PAUTAS PARA UMA PASTORAL--MISSIONAL

———

"FACILMENTE AFIRMAMOS QUE JESUS
É O CENTRO E MODELO DE NOSSA VIDA.
CONTUDO, NÃO PODEMOS EMPURRAR
PARA A PERIFERIA DE NOSSA VIDA
O QUE JESUS COLOCOU NO CENTRO!
UMA COISA É CONFESSAR COM A
BOCA; OUTRA COISA É FAZER COM QUE
TAL CONFISSÃO ESTEJA EM PLENA
COERÊNCIA COM UM ESTILO DE VIDA
MODELADO EM CRISTO, PARA DELE
SERMOS IMITADORES E ANDARMOS
COMO ELE ANDOU..."

———

Toda *injustiça* é pecado (1Jo 5:17).

POR QUE TODA INJUSTIÇA É PECADO? A RAZÃO É QUE AS "obras [de Deus, a Rocha] são perfeitas, porque todos os seus caminhos são juízo; Deus é fidelidade, e não há nele *injustiça*; é justo e reto" (Dt 32:4; veja tb. Sl 92:15). E também "porque não há no SENHOR, nosso Deus, injustiça, nem parcialidade, nem aceita ele suborno" (2Cr 19:7) Por isso, "seja o temor do SENHOR convosco" (2Cr 19:7).

Jesus disse que "quem fala por si mesmo está procurando a sua própria glória; mas o que procura a glória de quem o enviou, esse é verdadeiro, e nele não há *injustiça*" (Jo 7:18). Paulo afirma que "aquele que faz *injustiça* receberá em troco a injustiça feita; e nisto não há acepção de pessoas" (Cl 3:25). Por isso mesmo, "aparte-se da *injustiça* todo aquele que professa o nome do Senhor" (2Tm 2:19).

O apóstolo João, em suas admoestações e promessas finais, ao dizer que o tempo está próximo, afirma:

> Continue o injusto fazendo injustiça, continue o imundo ainda sendo imundo; *o justo continue na prática da justiça, e o santo continue a santificar-se.* E eis que venho sem demora, e comigo está o galardão que tenho para retribuir a cada um segundo as suas obras (Ap 22:11).

Diante das injustiças que há mundo, diante do injusto que continua sendo e fazendo injustiça, faz-se necessário que "*o justo continue na prática da justiça, e o santo continue a santificar-se*"! O povo de Deus oferece um contraste ao mundo! Esse povo destaca-se na sociedade onde o injusto pratica a injustiça, mas o justo pratica a justiça, onde o imundo está envolto em imundícia, e o santo, envolto em santidade.

A injustiça se dá em dois níveis: no espiritual, pessoal, individual ou privado e no social, político, estrutural e público. Por vários

154 Pastoral a caminho

motivos (que não abordarei aqui para não desviar o foco), a libertação da injustiça é vista (pelos evangélicos) mais na perspectiva espiritual e privada e menos na perspectiva social e pública. Percebem-se mais principados e potestades na perspectiva espiritual e religiosa e menos na perspectiva social e pública. A libertação da injustiça e da opressão, biblicamente falando, se dá tanto no âmbito pessoal quanto no social. O projeto de Deus é que tanto a opressão espiritual do pecado quanto a opressão estrutural do pecado sejam eliminadas. Dois riscos surgem desse divórcio entre o público e o privado:

1. Sublinhar apenas a primeira dimensão (a espiritual) em detrimento da segunda (a estrutural) é legitimar um sistema opressivo que gera escravos em pleno século 21. Salomão disse que "a justiça exalta as nações, mas o pecado é o opróbrio dos povos" (Pv 14:34).

2. Realçar apenas a segunda dimensão (a estrutural) em detrimento da primeira (a espiritual) é negligenciar a raiz do pecado. Paulo disse que "assim como oferecestes os vossos membros para a escravidão da impureza e da maldade para a maldade, assim oferecei, agora, os vossos membros para servirem à justiça para a santificação. Porque, quando éreis escravos do pecado, estáveis isentos em relação à justiça" (Rm 6:19,20).

Uma obra que muito aprecio e com a qual tenho muita concordância é *A igreja missional na Bíblia: luz para as nações*, de Michael Goheen.[88] Contudo, ao comentar sobre a libertação/redenção do povo de Deus no Egito, ele tem dificuldade de considerá-la de uma perspectiva integral, e assim privilegia o aspecto religioso:

---

[88]São Paulo: Vida Nova, 2014.

A redenção em Êxodo tem sido interpretada como uma imagem de libertação espiritual ou (na tradição da teologia da libertação) como uma imagem de libertação política. No entanto, tanto a interpretação espiritualizada como a politizada deixam escapar a *natureza profundamente religiosa* do conflito implícito na imagem de Êxodo.[89]

Não há dúvida de que o elemento religioso está presente no conflito do Êxodo, o que se vê sobretudo nas dez pragas, cada uma delas representando os deuses do Egito, os quais foram, um a um, sendo destronados para revelar que apenas Yahweh é o Senhor dos senhores. Contudo, se a libertação é de natureza fundamentalmente religiosa (como afirma Goheen abaixo), seria como afirmar que não se pode adorar a Deus em contextos em que existe forte perseguição religiosa. Goheen diz:

> Viver sob a autoridade do faraó não era simplesmente uma questão política; também era uma questão *fundamentalmente religiosa*. Como vassalos do faraó, o povo de Israel vive sob seu governo divino e desse modo está preso a um sistema idólatra; ele não pode servir e cultuar o Senhor (Êx 8.1). Moisés surge como um representante do Senhor — o Deus-Rei verdadeiro e vivo — para exigir que o seu povo seja liberto para cultuá-lo e servi-lo (Êx 4.23; 7.16 etc.). A recusa do faraó traz juízo: o Senhor faz cair pragas sobre o Egito, sobre o faraó e sobre os deuses egípcios (Êx 12.12; cf. Nm 33.4) para que toda a terra saiba que somente Deus é o Senhor (Êx 6.7; 7.5 etc.). A redenção do povo de Deus no Êxodo é, portanto, fundamentalmente religiosa. O povo de Israel é liberto da servidão e lealdade a outros deuses para que possa servir ao Senhor

---

[89]Goheen, 52, p. 2014 (grifo do autor deste livro).

em todas as áreas de sua vida: social, econômica e política. Deus estabelece uma comunidade alternativa ao Egito idólatra. "No Êxodo, o poder do suserano é quebrado; o faraó, o deus-rei do Egito, foi derrotado e consequentemente perdeu seu direito de ser o senhor suserano de Israel; o Senhor venceu o faraó e por isso passou a governar como Rei sobre Israel (Êx 15.18). Como seu libertador, Deus reivindicou o direito de exigir de seu povo o compromisso de obediência a ele na aliança". Ser redimido significa ser liberto para render lealdade total a Deus somente. Deus liberta seu povo de um modo de vida idólatra para viver como uma comunidade de contraste. Para que Israel pudesse viver sob a bênção de Deus e convidar outros a participar dela, teria de ser liberto da servidão a outros deuses que o haviam escravizado. Somente depois disso Israel poderia encarnar o plano original de Deus para a criação e seu alvo escatológico de uma humanidade restaurada.[90]

A redenção do povo de Deus no Êxodo é fundamentalmente integral. Deus libertou seu povo porque este estava debaixo do jugo religioso (espiritual), social, econômico, político e cultural. É interessante ver como autores bíblicos interpretaram o próprio Êxodo. Samuel fala de libertação política, social e econômica:

> Convocou Samuel o povo ao Senhor, em Mispa, e disse aos filhos de Israel: Assim diz o Senhor, Deus de Israel: Fiz subir a Israel do Egito e *livrei-vos das mãos dos egípcios e das mãos de todos os reinos que vos oprimiam*. Mas vós rejeitastes, hoje, a vosso Deus, que vos *livrou de todos os vossos males e trabalhos*, e lhe dissestes: Não! Mas constitui um rei sobre nós. Agora, pois, ponde-vos perante o Senhor, pelas vossas tribos e pelos vossos grupos de milhares (1Sm 10:17,18).

---

[90]2014, p. 53.

Ezequiel fala de libertação religiosa e política:

> Assim diz o SENHOR Deus: Também destruirei os ídolos e darei cabo das imagens em Mênfis; já não haverá príncipe na terra do Egito, onde implantarei o terror (Ez 30:13).

Miqueias fala de libertação social:

> Pois te fiz sair da terra do Egito e da casa da servidão te remi; e enviei adiante de ti Moisés, Arão e Miriã (Mq 6:4).

Estêvão, em seu discurso histórico-teológico, fala de libertação sociopolítica:

> Como, porém, se aproximasse o tempo da promessa que Deus jurou a Abraão, o povo cresceu e se multiplicou no Egito, até que se levantou ali outro rei, que não conhecia a José. Este outro rei tratou com astúcia a nossa raça e torturou os nossos pais, a ponto de forçá-los a enjeitar seus filhos, para que não sobrevivessem (At 7:17-19).

A libertação de Deus é total e plena. Não se pode reduzir a redenção de Deus a apenas uma dimensão da vida. O projeto original de Deus era que o ser humano estivesse conciliado com Deus (dimensão pessoal), com o próximo (dimensão social), consigo mesmo (dimensão intrapsíquica) e com a natureza (dimensão ecológica). Esquecer de uma dessas dimensões, ou priorizar uma em detrimento da outra, é reduzir os propósitos de Deus e suas esferas de ação no mundo!

Estou consciente de que, ao interpretar a Bíblia, podemos trazer nossa agenda, nossas ideias e cosmovisões preconcebidas, e tal fato acontece quando impomos aos textos bíblicos nossas percepções político-ideológicas, querendo que o texto diga o que não disse. Mas também temos problemas quando a Bíblia confronta nossa agenda com a agenda dela, mas deixamos esses textos abandonados porque exigem de nós ações que não estamos dispostos a encarar e tratar. Em outras palavras, não apenas trazemos nossa agenda para a Bíblia, mas também muitas vezes resistimos à agenda proposta por Deus na Bíblia porque ela confronta nossas cosmovisões. Estas duas atitudes têm seus perigos e riscos: forçar a Bíblia a dizer o que não diz ou resistir ao que a Bíblia está dizendo porque não se encaixa em nossa agenda.

O livro de Êxodo não poder ser lido apenas como um evento religioso espiritualizado (uma libertação espiritual), o que certamente seria uma distorção da agenda completa de Deus. Brueggemann afirma:

> Esse triunfo teológico, entretanto, tem dimensões socioeconômicas e políticas. O Êxodo nunca pode ser seguro como "evento religioso". O conflito de Yahweh não é simplesmente com os deuses egípcios, mas com o "sistema social" egípcio, que é deslegitimado e finalmente anulado por meio do processo desta narrativa. Essa dimensão crítica da narrativa alimentou a fé profética subsequente.[91]

O livro de Êxodo ainda é muito importante para o mundo contemporâneo. Ele estará sempre conosco como "porta da esperança".[92] A esperança de que Deus vê e ouve o clamor de seu povo! Michael Walzer alista três consequências importantes do Êxodo para os nossos dias:

> ... primeiro, que onde quer que você more, provavelmente é o Egito;
> segundo, que existe um lugar melhor, um mundo mais atraente, uma

---

[91] 1994, p. 690.
[92] Walzer, 1984, p. 149.

terra prometida; e terceiro, que "o caminho para a terra é através do deserto". Não há como ir daqui para lá, exceto juntando-se e marchando.[93]

Não há dúvida de que essa situação de opressão infelizmente ainda está presente no mundo de hoje. Em nosso caso específico, ou seja, na América Latina e no Caribe, seguimos sendo oprimidos social, econômica e politicamente, assim como acontecia com Israel quando estava nas mãos do Egito.

Temas como desigualdade, pobreza, favelização, marginalidade, exclusão e segregação social, estado de miserabilidade, violência e criminalidade, além de tantas outras questões, são os tipos de "escravidão" que oprimem milhões de seres humanos. Onde fica a dignidade humana da *imago Dei* quando uma pessoa não goza e não tem acesso aos direitos básicos da vida? Ou quando ainda é violentada em seu direto humano? Deus nunca aceitou, tampouco aceita hoje, que o ser humano por ele criado seja aviltado "porque Deus fez o homem *segundo a sua imagem*" (Gn 9:6). Deus não foi conivente quando "viu o Senhor que a maldade do homem se havia multiplicado na terra e que era continuamente mau todo desígnio do seu coração" (Gn 6:5; veja tb. 6:11,12). Tampouco foi conivente quando "o clamor dos filhos de Israel chegou até mim, e também vejo a opressão com que os egípcios os estão oprimindo" (Êx 3:9).

Que ações pastorais devemos procurar desenvolver para atender a essa realidade de escravidão em pleno século 21? Olhando para o livro de Êxodo, e ao mesmo tempo contemplando essas duras realidades, que tipo de ação pastoral-missional devemos buscar? Destaco as quatro pautas pastorais-missionais de Moisés, quando foi convocado por Deus para ser o instrumento de sua missão, e sobre as quais refletimos nesta obra.

---

[93] 1984, p. 149.

PRIMEIRA PAUTA:
BUSCAR DESENVOLVER UMA
PASTORAL-MISSIONAL LIBERTADORA

O amor de Deus é um amor intolerante contra o mal! Tão intolerante que chega a tomar partido contra toda forma de opressão e de injustiça aos que as praticam! À primeira vista, tal afirmação soa estranho, eu sei. Mas o fato é que Deus não tolera e não suporta muitas coisas, entre elas a opressão e a injustiça, sejam em que níveis forem. O próprio Deus não suportou ver e ouvir a opressão dos egípcios aos filhos de Israel: "... o clamor dos filhos de Israel chegou até mim, e também vejo a *opressão* com que os egípcios os estão *oprimindo*" (Êx 3:9). A questão é que ele vê: "... vejo a opressão", e, além de ver, ouve:

> Clamamos ao Senhor, Deus de nossos pais; e o Senhor *ouviu* a nossa voz e atentou para a nossa angústia, para o nosso trabalho e para a nossa *opressão*; e o Senhor nos tirou do Egito com poderosa mão, e com braço estendido, e com grande espanto, e com sinais, e com milagres; e nos trouxe a este lugar e nos deu esta terra, terra que mana leite e mel (Dt 26:7-9).

Deus "vê" porque não é insensível. Deus "ouve" porque não é inacessível. Justamente porque "vê" e "ouve", Deus age porque é compassivo e justo — "... e o Senhor nos tirou do Egito com poderosa mão, e com braço estendido".

Um dos "amigos" de Jó, chamado Eliú, tentando consolar Jó, disse:

> Ao aflito livra por meio da sua aflição e pela opressão lhe abre os ouvidos. Assim também procura tirar-te das fauces da angústia para um lugar espaçoso, em que não há aperto, e as iguarias da

tua mesa seriam cheias de gordura; mas tu te enches do juízo do perverso, e, por isso, o juízo e a justiça te alcançarão. Guarda-te, pois, de que a ira não te induza a escarnecer, nem te desvie a grande quantia do resgate (Jó 36:15-18).

Como negar que Deus não tolera a opressão que esmaga o pobre e o necessitado:

Eis que esta foi a iniquidade de Sodoma, tua irmã: soberba, fartura de pão e próspera tranquilidade teve ela e suas filhas; mas *nunca amparou o pobre e o necessitado*. Foram arrogantes e fizeram abominações diante de mim; pelo que, em vendo isto, as removi dali (Ez 16:49,50).

Ouvi esta palavra, vacas de Basã, que estais no monte de Samaria, *oprimis os pobres, esmagais os necessitados* e dizeis a vosso marido: Dá cá, e bebamos (Am 4:1).

Que outras possiblidades teriam esses pobres e necessitados, se desprezados e desamparados, a não ser gemer e sofrer? Davi, com instrumento de oito cordas, canta e exalta a justiça de Deus: "Por causa da *opressão dos pobres* e do *gemido dos necessitados*, eu me levantarei agora, diz o SENHOR; e porei a salvo a quem por isso suspira" (Sl 12:5).

O salmo 107, que é um tributo a Deus, tanto na abertura ("Rendei graças ao SENHOR, porque ele é bom, e a sua *misericórdia* dura para sempre", Sl 107:1), quanto no desfecho ("Quem é sábio atente para essas coisas e considere as misericórdias do SENHOR", Sl 107:43). Revela que um dos motivos desse "rendei graças" é que Deus "levanta da *opressão o necessitado*, para um alto retiro, e lhe prospera famílias como rebanhos" (Sl 107:41).

Salomão diz que "verdadeiramente, a *opressão* faz endoidecer até o sábio" (Ec 7:7). É isso mesmo, esse estado de opressão tira a pessoa do sério! É necessário entender que a opressão, assim como a corrupção, é sistêmica e estrutural. O Egito tinha um sistema maquiavélico, arquitetado e estruturado para manter as pessoas em permanente estado de opressão. O profeta Isaías denuncia exatamente situações como essas:

> Ai dos que decretam *leis injustas*, dos que escrevem *leis de opressão*, para negarem justiça aos pobres, para arrebatarem o direito aos aflitos do meu povo, a fim de despojarem as viúvas e roubarem os órfãos! Mas que fareis vós outros no dia do castigo, na calamidade que vem de longe? A quem recorrereis para obter socorro e onde deixareis a vossa glória? Nada mais vos resta a fazer, senão dobrar-vos entre os prisioneiros e cair entre os mortos. Com tudo isto, não se aparta a sua ira, e a mão dele continua ainda estendida (Is 10:1-4).

A opressão e a injustiça estão estruturadas por meio de "leis injustas" e "leis de opressão". Essas leis, injustas e opressoras, têm nessa denúncia de Isaias duas finalidades: 1) negar a justiça aos pobres e 2) negar o direito aos aflitos mais vulneráveis, nesse caso as viúvas e os órfãos! O que os pobres, as viúvas e os órfãos podem fazer contra um sistema político corrupto e estruturado para criar "leis injustas" e "leis de opressão"? Você consegue imaginar uma viúva pobre indo para a Câmara de Deputados e para o Senado lutar por seus direitos? Impossível, não é mesmo?

Quando se fala de justiça pela causa dos pobres, dos oprimidos e dos mais vulneráveis, jamais devemos permitir que essas causas sejam negligenciadas, sob o risco de não sermos fiéis ao que nos manda a Escritura. É mister recordar todos os dias que "o Senhor é sublime, pois habita nas alturas; encheu a Sião *de direito* e *de justiça*" (Is 33:5).

No santo monte do Senhor, habitará somente a pessoa "que anda em justiça e fala o que é reto; o que despreza o *ganho de opressão*; o que, com um gesto de mãos, recusa aceitar suborno; o que tapa os ouvidos, para não ouvir falar de homicídios, e fecha os olhos, para não ver o mal, este habitará nas alturas; as fortalezas das rochas serão o seu alto refúgio, o seu pão lhe será dado, as suas águas serão certas" (Is 33:15,16). Será que a pessoa que foi encontrada pelo Salvador tem consciência dessas exigências de Deus para poder habitar em seu santo monte?

> Quem subirá ao monte do Senhor? Quem há de permanecer no seu santo lugar? O que é limpo de mãos e puro de coração, que não entrega a sua alma à falsidade, nem jura dolosamente. *Este obterá do Senhor a bênção e a justiça do Deus da sua salvação* (Sl 24:3-5).

Os "ais" de Deus são advertências e exortações que têm por objetivo comunicar o que ele não tolera e as consequências de praticar o que ele condena. Por isso, "ai dos que decretam *leis injustas*"; ai "dos que escrevem *leis de opressão*, para negarem justiça aos pobres, para arrebatarem o direito aos aflitos do meu povo, a fim de despojarem as viúvas e roubarem os órfãos!" É como se Deus, em sua justiça, estivesse dizendo: "Ai destes, pois não perdem por esperar".

Deus nos ama com amor justo! Tal amor não tolera "ver" ou "ouvir" a opressão, seja ela espiritual, social, pessoal ou sistêmico--estrutural. Deus nos liberta e nos chama para sermos agentes seus que promovem justiça: "buscai, pois, em primeiro lugar, o seu reino e a sua justiça" (Mt 6:33). O Reino de Deus é um reino de justiça!

164 Pastoral a caminho

Veja como Deus ama a justiça:

> ... o Senhor é justo, *ele ama a justiça*; os retos lhe contemplarão a face (Sl 11:7).

> *Ele ama a justiça* e o direito; a terra está cheia da bondade do Senhor (Sl 33:5).

> ... o Senhor *ama a justiça* e não desampara os seus santos; serão preservados para sempre, mas a descendência dos ímpios será exterminada (Sl 37:28).

> És rei poderoso *que ama a justiça*; tu firmas a equidade, executas o juízo e a justiça em Jacó (Sl 99:4).

Deus ama a justiça, assim como ama quem pratica a justiça: "O caminho do perverso é abominação ao Senhor, mas *este ama o que segue a justiça*" (Pv 15:90). Uma das maiores evidências de amar a Deus é simplesmente amar o que ele ama — e ele ama a justiça!

Paul Hiebert disse que, "se não formos fiéis ao chamado de Deus para exemplificar e representar a igreja no testemunho e na vida, *Deus passará para outros agentes*".[94]

Uma coisa é muito clara no livro de Êxodo (e em toda a Bíblia): Deus liberta seu povo usando agentes humanos. Deus tem uma missão e usa seus agentes como instrumentos. Mortimer Arias levanta sua voz profética, dizendo:

> O Deus que conhecemos na Bíblia é um Deus libertador, um Deus que destrói mitos e alienações. Um Deus que intervém na história

---

[94] 1985, p. 295 (grifo do autor deste livro).

para quebrar as estruturas da injustiça e que levanta profetas para apontar o caminho da justiça e da misericórdia. Ele é o Deus que liberta escravos (Êxodo), que derruba impérios e levanta oprimidos (*Magnificat*, Lc 1:52; 4:18,19). A esta mensagem comprometemos nós mesmos, se não quisermos ser considerados indignos de nossa missão e de nosso ser. A igreja cristã não pode concordar com nenhuma força que oprima ou desumanize o homem. [95]

Pastores, líderes e todos os crentes devem ser agentes pastorais para promover a justiça de Deus. Esse não é um mandato para profissionais; é uma vocação evangélica. Os agentes pastorais (ordenados ou não) devem "ver" o que Deus "vê", "ouvir" o que Deus "ouve", para "agir" como Deus "age", jamais tolerando a fome, a falta de saúde, a violência, o crime, a prostituição, as drogas, a banalização da vida humana, o racismo individual e estrutural, o abuso contra as mulheres e o feminicídio, o trabalho escravo infantil e tantas outras formas de "escravidão" opressora. Nunca podemos nos esquecer de que Jesus, o supremo Agente pastoral de Deus, disse:

> O Espírito do Senhor está sobre mim, pelo que me ungiu para evangelizar os pobres; enviou-me para proclamar libertação aos cativos e restauração da vista aos cegos, para pôr em liberdade os oprimidos, e apregoar o ano aceitável do Senhor (Lc 4:18,19).

Facilmente afirmamos que Jesus é o centro e modelo de nossa vida. Contudo, não podemos empurrar para a periferia de nossa vida o que Jesus colocou no centro! Uma coisa é confessar com a boca ("Se, com a tua boca, confessares Jesus como Senhor e, em teu coração, creres que Deus o ressuscitou dentre os mortos, serás salvo" [Rm 10:9];

---

[95] 1988, p. 55 citado em Mortimer Arias, *Manifiesto a la nación*, La Paz: Iglesia Evangélica Metodista en Bolivia, 1971 (*Cuadernos de Cristianismo y Sociedad*, 1970).

166 Pastoral a caminho

"Aquele que confessar que Jesus é o Filho de Deus, Deus permanece nele, e ele, em Deus"); outra coisa é fazer com que tal confissão esteja em plena coerência com um estilo de vida modelado em Cristo, para dele sermos imitadores e andarmos como ele andou:

> Aquele, entretanto, que guarda a sua palavra, nele, verdadeiramente, tem sido aperfeiçoado o amor de Deus. Nisto sabemos que estamos nele: *aquele que diz* que permanece nele, *esse deve também andar assim como ele andou* (1Jo 2:5,6).

Este é o desafio: da confissão para a ação!

O desafio pastoral-missional implica amar o que Deus ama! Deus não tolera a opressão porque ama a justiça! Deus libertou seu povo da opressão no Egito porque designou um lugar melhor e justo para viver com seu povo:

> Disse ainda o Senhor: Certamente, vi a aflição do meu povo, que está no Egito, e ouvi o seu clamor por causa dos seus exatores. Conheço-lhe o sofrimento; por isso, desci a fim de livrá-lo da mão dos egípcios e para fazê-lo subir daquela terra a uma terra boa e ampla, terra que mana leite e mel (Êx 3:7,8).

O trecho da passagem que diz "por isso, desci a fim de livrá-lo" é prova incontestável de que Deus não aceita nenhum tipo de opressão! Por esta razão desceu: para resgatar seu povo da aflição provocada por seus exatores (governantes opressores). "Por isso" também nós, como povo de Deus, precisamos "descer" e nos posicionar contra toda forma de opressão espiritual ou social.

Na qualidade de agentes de Deus, assim como Moisés, temos apenas duas opções: obedecer ou desobedecer ao chamado de Deus para amar o que ele ama: a justiça! Lembremos que Moisés relutou, e só não desobedeceu a Deus porque foi convencido por ele. Se quisermos desenvolver uma pastoral transformadora e significativa, precisamos estar cientes de que ela deve ser libertadora. Costas profeticamente declarou que "a precisão missiológica de nada serve se não se concretizar pastoralmente".[96]

SEGUNDA PAUTA:
BUSCAR DESENVOLVER UMA PASTORAL-MISSIONAL CAPACITADORA DA COMUNIDADE DA ALIANÇA

A igreja, como *comunidade missional da aliança*, não é o Reino, mas, sim, um sinal do Reino de Deus, chamada a viver como *comunidade da aliança de Deus*. Por um lado (*ad intra*), "é para a comunidade chamada Igreja que o corpo de Cristo desenvolve sua tarefa pastoral".[97] Por outro lado (*ad extra*), o que é feito "dentro" visa a capacitar e a preparar essa comunidade para que seja uma comunidade missional para além de si mesma, em direção ao mundo.

Paulo diz que o mistério agora revelado é "para que, *pela igreja*, a multiforme sabedoria de Deus se torne conhecida, agora, dos principados e potestades nos lugares celestiais" (Ef 3:10). Quem se torna conhecida não é a igreja, mas, sim, "a multiforme *sabedoria* de Deus". Esta é a principal questão: a igreja não existe para si mesma e muito menos para tornar seu nome célebre, como foi o desejo dos construtores da torre de Babel (Gn 11:4). Ela existe para tornar a sabedoria de Deus conhecida, e isso de geração em geração.

A igreja tem um relacionamento de aliança com Deus por meio do ministério de Jesus. Na Epístola aos Hebreus, lemos:

---

[96] 1982b, p. 93.
[97] Valle, 1985, p. 24.

Agora, com efeito, obteve Jesus ministério tanto mais excelente, quanto é ele também Mediador de *superior aliança* instituída com base em superiores promessas. Porque, se aquela primeira aliança tivesse sido sem defeito, de maneira alguma estaria sendo buscado lugar para uma segunda. E, de fato, repreendendo-os, diz: Eis aí vêm dias, diz o Senhor, e firmarei nova aliança com a casa de Israel e com a casa de Judá, não segundo a aliança que fiz com seus pais, no dia em que os tomei pela mão, *para os conduzir até fora da terra do Egito*; pois eles não continuaram na minha aliança, e eu não atentei para eles, diz o Senhor. Porque esta é a aliança que firmarei com a casa de Israel, depois daqueles dias, diz o Senhor: na sua mente imprimirei as minhas leis, também sobre o seu coração as inscreverei; e eu serei o seu Deus, e eles serão o meu povo. E não ensinará jamais cada um ao seu próximo, nem cada um ao seu irmão, dizendo: Conhece ao Senhor; porque todos me conhecerão, desde o menor deles até ao maior. Pois, para com as suas iniquidades, usarei de misericórdia e dos seus pecados jamais me lembrarei. Quando ele diz Nova, torna antiquada a primeira. Ora, aquilo que se torna antiquado e envelhecido está prestes a desaparecer (Hb 8:6-13).

No passado, as pessoas foram achadas em falta por Deus porque não permaneceram fiéis à sua aliança. Hoje, a igreja, como povo de Deus, tem a oportunidade de ser achada por Deus não como culpada, mas, sim, fiel à sua aliança. Como membros do corpo de Cristo, Deus nos tornou competentes como ministros (servos) de uma nova aliança, "o qual nos habilitou [*capacitou*] para sermos ministros de uma nova aliança, não da letra, mas do espírito; porque a letra mata, mas o espírito vivifica" (2Co 3:6).

Nessa nova relação de aliança, não por nossos méritos, mas "segundo a misericórdia que nos foi feita" (2Co 4:1),

> ... não nos pregamos a nós mesmos, mas a Cristo Jesus como Se-
> nhor e a nós mesmos como vossos servos, por amor de Jesus. Por-
> que Deus, que disse: Das trevas resplandecerá a luz, ele mesmo
> resplandeceu em nosso coração, para iluminação do conhecimento
> da glória de Deus, na face de Cristo (2Co 4:5,6).

Na nova era, Cristo "é o Mediador da nova aliança, a fim de que,
intervindo a morte para remissão das transgressões que havia sob
a primeira aliança, recebam a promessa da eterna herança aqueles
que têm sido chamados" (Hb 9:15).

Essa aliança sacramental, na qual o cálice representa a nova aliança no sangue de Jesus, nos empurra para a missão:

> Por semelhante modo, depois de haver ceado, tomou também o
> cálice, dizendo: Este cálice é a nova aliança no meu sangue; fazei
> isto, todas as vezes que o beberdes, em memória de mim. Porque,
> todas as vezes que comerdes este pão e beberdes o cálice, *anunciais*
> a morte do Senhor, até que ele venha (1Co 11:25,26).

Participar do cálice do Senhor exige compromisso missional:
"*Anunciais* a morte do Senhor, até que ele venha". Além de celebrar
o próprio Cristo, seu sacrifício por amor a nós também é um ato coletivo de renovação do compromisso que assumimos com Cristo de
anunciar o que ele fez na cruz! Observe como o que se almeja é uma
fantástica inclusividade missional — "anunciar a morte do Senhor até
que ele venha"! Isso é o que o próprio Jesus exige de nós nas chamada
"Grandes Comissões":

> Mateus: "Ide, portanto, fazei discípulos de todas as nações, bati-
> zando-os em nome do Pai, e do Filho, e do Espírito Santo; ensi-
> nando-os a guardar todas as coisas que vos tenho ordenado. E eis

que estou convosco todos os dias até à consumação do século"
(Mt 28:19,20).

Marcos: "E disse-lhes: Ide por todo o mundo e pregai o evangelho a toda criatura" (Mc 16:15).

Lucas: "Então, lhes abriu o entendimento para compreenderem as Escrituras; e lhes disse: Assim está escrito que o Cristo havia de padecer e ressuscitar dentre os mortos no terceiro dia e que em seu nome se pregasse arrependimento para remissão de pecados a todas as nações, começando de Jerusalém. Vós sois testemunhas destas coisas" (Lc 24:45,48).

João: "Assim como tu me enviaste ao mundo, também eu os enviei ao mundo" (Jo 17:18). "Disse-lhes, pois, Jesus outra vez: Paz seja convosco! Assim como o Pai me enviou, eu também vos envio" (Jo 20:21).

Eliminar ou negligenciar essa vocação missional da comunidade da aliança é desprezar o próprio Jesus e suas ordens para sua igreja. Não se trata de uma aliança para nós, mas, sim, de uma aliança com o Senhor para os outros! Se assim não for, quem anunciará a morte do Senhor até que ele venha? (1Co 11:26).

TERCEIRA PAUTA:
BUSCAR DESENVOLVER UMA PASTORAL--MISSIONAL FIEL À PALAVRA (LEI) DE DEUS

Amor sem lei é falta de firmeza. Lei sem amor é excesso de zelo!

Deus ama seu povo. É esperado que seu povo o ame também! E, para que isso aconteça, o caminho é o da obediência a Deus e a sua

Palavra. Este é um dos objetivos da pastoral: levar o povo de Deus a obedecer ao próprio Deus! Jesus disse: "Aquele que tem os meus mandamentos e os *guarda* [obedece], esse é o que me ama; e aquele que me ama será amado por meu Pai, e eu também o amarei e me manifestarei a ele" (Jo 14:21). Amor e obediência são inseparáveis na Bíblia. É isso que Deus buscou para seu povo, Israel, no passado, e continua a buscar para nós, seu povo, no presente.

A instrução (o ensino) é fundamental e essencial para a práxis pastoral. Os princípios de Deus, expostos e declarados em sua Palavra, são os únicos instrumentos objetivos para construir a maturidade de uma pessoa e de uma comunidade. Frequentemente dizemos que a Palavra de Deus é a única regra de fé e prática. É exigido que todos os discípulos de Jesus sejam eternos "aprendentes", como está realçado na Grande Comissão de Mateus: "... *ensinando-os a guardar* todas as coisas que vos tenho ordenado". Quase sempre se enfatiza mais o aspecto salvífico ("ide [...] fazei discípulos") em detrimento do aspecto pedagógico ("ensinando-os a guardar") dessa comissão. A palavra "guardar" significa "obedecer", "observar". E observe que o desafio aqui é enorme. Trata-se de fazer com que esse novo discípulo, que agora se tornou seguidor de Jesus, seja ensinado (processo didático-pedagógico) a obedecer a "todas as coisas que vos tenho ordenado". E onde estão todas essas coisas que Jesus ordenou? Estão nas quatro versões do evangelho! O evangelho é um só. É o evangelho de Jesus Cristo: "Princípio do *evangelho de Jesus Cristo*, Filho de Deus" (Mc 1:1). Não se trata de quatro "evangelhos". Trata-se da singularidade de Jesus Cristo, sendo ele a exclusiva Boa-Nova de Deus ao mundo! O correto, portanto, é nos referirmos a quatro "narrativas" ou "versões" do mesmo evangelho. São quatro olhares distintos que se complementam.

Umas das tarefas da pastoral é equipar o povo de Deus para seja um povo missional. Isso está absolutamente claro nesta fala de Paulo:

> Ele mesmo concedeu uns para apóstolos, outros para profetas, outros para evangelistas e outros para *pastores e mestres*, com vistas ao aperfeiçoamento dos santos *para o desempenho do seu serviço*, para a edificação do corpo de Cristo, até que todos cheguemos à unidade da fé e do pleno conhecimento do Filho de Deus, à perfeita varonilidade, à medida da estatura da plenitude de Cristo, para que não mais sejamos como meninos, agitados de um lado para outro e levados ao redor por todo vento de doutrina, pela artimanha dos homens, pela astúcia com que induzem ao erro. Mas, seguindo a verdade em amor, cresçamos em tudo naquele que é a cabeça, Cristo, de quem todo o corpo, bem ajustado e consolidado pelo auxílio de toda junta, segundo a justa cooperação de cada parte, efetua o seu próprio aumento para a edificação de si mesmo em amor (Ef 4:11-16).

"Pastores e mestres" são ministérios/dons para que o povo de Deus seja equipado "para o desempenho do seu serviço". Sem a instrução, isso jamais acontecerá e jamais haverá crescimento em maturidade. Nesse processo, o conteúdo da instrução é o "pleno conhecimento do Filho de Deus". Ou seja, todas as coisas que Jesus ordenou.

É nítida a necessidade de uma pastoral que desenvolva um projeto de ensino e de aprendizado para a comunidade de fé[98] com o propósito de ser uma edificante e edificadora comunidade missional. É raro, mas fundamental, encontrar igrejas com uma educação cristã com começo, meio e fim. É necessário que se desenvolva um projeto

---

[98]Recomendo a leitura do livro que organizei, *Missão para a cidade*, especialmente o capítulo 1, "Missão de ensinar: transformando a cidade por meio da instrução conscientizadora", escrito por Reginaldo von Zuben (Editora Descoberta, 2012).

pedagógico de educação cristã para a igreja local. O próprio Deus fez isso! A primeira coisa que ele fez após libertar seu povo do Egito foi dar a esse povo o conteúdo pedagógico necessário para formar uma comunidade educadora a partir dos valores e princípios dele!

A formação de uma comunidade forte e madura na Palavra objetiva ter uma presença, no âmbito pessoal e coletivo, que seja transformadora na sociedade.

QUARTA PAUTA:
BUSCAR DESENVOLVER UMA PASTORAL-MISSIONAL QUE PROMOVA A PRESENÇA DA IGREJA NO MUNDO

O Israel de Deus[99] (a igreja) é chamado a ter uma presença tabernacular no mundo. Isso significa que a igreja de Cristo não pertence a nenhuma instituição ou denominação exclusiva, nem é dona dela. Diante da confissão de Pedro, Jesus faz uma declaração impressionante: "Também eu te digo que tu és Pedro, e sobre esta pedra edificarei *a minha igreja*, e as portas do inferno não prevalecerão contra ela" (Mt 16:18). Jesus claramente afirma que a igreja é dele: "... a minha igreja". E por que Jesus fez essa declaração? Porque "ele [a] comprou com o seu próprio sangue" (At 20:28). E, visto que a comprou com seu sangue, "é o cabeça da igreja" (Ef 5:23). Ele é o supremo pastor-guia (1Pe 5:4) de sua igreja: "Cristo amou a igreja e a si mesmo se entregou por ela, para que a santificasse,

---

[99]Paulo escreveu sobre isso em Romanos 9—11. A locução "Israel de Deus" é mencionada por Paulo em Gálatas 6:16, texto que pressupõe a inclusão de *judeus* e *gentios* na comunidade da fé, e isso com base em Gênesis 12:1-3, que ele cita em Gálatas 3:8. Veja tb. Efésios 2:11-22.

174 Pastoral a caminho

tendo-a purificado por meio da lavagem de água pela palavra, para a apresentar a si mesmo igreja gloriosa, sem mácula, nem ruga, nem coisa semelhante, porém santa e sem defeito" (Ef 5:25-27).

A igreja é propriedade exclusiva de Deus, na qual ele habita. Esse habitar é a presença tabernacular de Deus em seu povo. "Tabernacular" significa que "não existe lugar fixo". Isso mesmo. Deus não tem lugar fixo e não está preso a nada porque "o Deus que fez o mundo e tudo o que nele existe, sendo ele Senhor do céu e da terra, *não habita em santuários feitos por mãos humanas*" (At 17:24). Isso concede ao povo de Deus um caráter identitário único, em vista do que Pedro nos chama "peregrinos e forasteiros" (1Pe 2:11).

Charles van Engen e Orlando Costas falam de três aspectos da missão da igreja. Tomando por empréstimo deles, sugiro três implicações para a presença tabernacular da igreja no mundo, a qual sempre está "a caminho".

1. Uma pastoral-missional do caminho: missão centrada em Cristo e em seu Reino

> Não há participação em Cristo sem participação em sua missão para o mundo.[100]

> .... temos que recorrer ao que diz o Novo Testamento sobre o ministério pastoral de Jesus.[101]

---

[100]Essa frase é comumente atribuída a Lesslie Newbigin. Ela foi registrada no documento final da reunião do Conselho Missionário Internacional, realizada em 1952 na cidade de Willingen, na Alemanha, e foi citada do relatório oficial de Wilhelm Richebacher: "Missio Dei: the basis of mission theology or a wrong path?", International Review of Mission 92, n. 367 (Oct. 2003): 589.

[101]Cook, 1982, p. 9.

A missão é de Deus e é modelada em Jesus Cristo. Participar da missão de Deus é participar daquilo de que Cristo participa. A missão que não segue o modelo de Cristo acaba por imitar outros modelos em que a cruz não está presente. O resultado é que missão é sinônimo de expansão colonial, extensão da igreja, proselitismo ou assistencialismo. Missão, biblicamente falando, é missão centrada em Jesus Cristo. É missão a caminho.[102]

René Padilla afirma:

> O Cristo que a igreja reconhece como Senhor é o Senhor de todo o universo. Nesta afirmação de seu senhorio universal, a igreja encontra a base para a sua missão. Cristo foi coroado como Rei, e sua soberania se estende sobre a totalidade da criação. Com tal, ele comissionou os seus discípulos de todas as nações (Mt 28.18-20).[103]

Parece óbvio, ou até mesmo ingênuo, afirmar que a missão pastoral precisa estar centrada em Cristo. Se é óbvio, por que ainda temos nos dias de hoje uma pastoral profissional e centrada no pastor, no púlpito e na igreja? O centro dessa pastoral é o pastor e seu trabalho; ou então ela se foca na igreja ou se volta para ela. Como se percebe em Jesus e em Paulo, precisamos direcionar a pastoral para a missão, não para a estrutura nem para a instituição.

Jesus sofreu no campo da missão, desprotegido das paredes do templo e dos muros de Jerusalém, e simplesmente sofreu e morreu fora da porta: "Por isso, foi que também Jesus, para santificar o povo, pelo seu próprio sangue, *sofreu fora da porta*" (Hb 13:12). "Fora da porta" é um conceito emprestado nos tempos do Antigo Testamento

---

[102]Van Engen, 1996b, p. 3.
[103]1992, p. 203.

em relação às coisas imundas e impuras que deviam ser tratadas fora do acampamento (arraial). Os israelitas foram ordenados a queimar tudo que restasse dos sacrifícios dos touros, incluindo seu esterco, fora do acampamento, como oferta pelo pecado (Êx 29:14; Lv 4:12,21; 8:17; 9:11; 16:27).

Os preceitos de purificação cerimonial eram estes:

> Disse mais o SENHOR a Moisés e a Arão: Esta é uma prescrição da lei que o SENHOR ordenou, dizendo: Dize aos filhos de Israel que vos tragam uma novilha vermelha, perfeita, sem defeito, que não tenha ainda levado jugo. Entregá-la-eis a Eleazar, o sacerdote; este a tirará para *fora do arraial*, e será imolada diante dele (Nm 19:1-3).

> Um homem limpo ajuntará a cinza da novilha e a depositará *fora do arraial*, num lugar limpo, e será ela guardada para a congregação dos filhos de Israel, para a água purificadora; é oferta pelo pecado (Nm 19:9).

Os corpos de Nadabe e Abiú foram carregados para fora do acampamento depois que foram consumidos pelo Senhor (Lv 10:4,5). O leproso era pronunciado impuro pelo sacerdote:

> As vestes do leproso, em quem está a praga, serão rasgadas, e os seus cabelos serão desgrenhados; cobrirá o bigode e clamará: Imundo! Imundo! Será imundo durante os dias em que a praga estiver nele; é imundo, habitará só; a sua habitação será *fora do arraial* (Lv 13:45,46).

Quando Miriam (irmã de Moisés) contraiu lepra, ela foi deixada em reclusão fora do acampamento:

Seja detida sete dias fora do arraial e, depois, recolhida. Assim, Miriã foi detida *fora do arraial* por sete dias; e o povo não partiu enquanto Miriã não foi recolhida (Nm 12:14,15).

Além dos leprosos, todos os que tivessem sido contaminados pelo contato com sêmen, menstruação ou cadáveres eram postos para fora do acampamento (Nm 5:2-4; Dt 23:10-12). A pessoa que blasfemou e amaldiçoou o nome do Senhor era levada para fora do acampamento e ali apedrejada até a morte (Lv 24:11,14,23). Se acaso fosse encontrada praga em uma casa, as pedras sujas tinham de ser jogadas em um lugar imundo, fora do campo, e, se a praga permanecesse, toda a casa precisava ser demolida e os entulhos jogados fora do acampamento (Lv 14:39-45). Quem fosse encontrado profanando no dia de Sábado era levado para fora do acampamento e apedrejado até a morte (Nm 15:32-36). Se um pai cuspisse na cara da filha, essa filha era colocada fora do acampamento (Nm 12:14). Os guerreiros tinham de ser atendidos fora do acampamento para evitar a profanação advinda do contato com suas vestes, as quais tinham sido manchadas com o sangue dos que eles haviam matado (Nm 31:13,19). Nabote foi acusado injustamente de amaldiçoar a Deus e ao rei e por isso foi levado para fora do acampamento e apedrejado até a morte (1Rs 21:13). Manassés eliminou os ídolos e altares de ídolos e os lançou para fora da cidade (2Cr 33:15).

"Fora da cidade" era o lugar de corrupção, impureza, imundície, sujeira, contaminação, condenação, punição, rejeição e vergonha. Era para onde eram levados os dejetos, os doentes e os mortos. Qualquer pessoa que fosse banida da cidade era excluída, isolada e caía no ostracismo.

É impressionante também o fato de que foi desse conceito veterotestamentário que o autor de Hebreus, profundo conhecedor do livro de Levítico e, portanto, do sistema de sacrifícios, toma a

178 Pastoral a caminho

metáfora por empréstimo para mostrar o que aconteceu com Jesus. Ele afirma: "Por isso, foi que também Jesus, para santificar o povo, pelo seu próprio sangue, sofreu fora da porta" (Hb 13:12). Não desconsidere esse "Por isso"! "Por isso" implica esse transfundo conceitual do Antigo Testamento em torno do termo "fora do acampamento". Ou seja, Jesus dessa mesma forma sofreu fora do acampamento. Jesus sofreu a vergonha e o opróbrio.

Como isso é possível? O Antigo Testamento não determinara que apenas os impuros, blasfemos, leprosos, sujos, dignos de morte fossem levados para fora do acampamento? Jesus Cristo, o santo, inocente e imaculado Homem-Deus, era imundo, leproso, sujo, blasfemo, tendo cometido algum pecado ou crime capital? Pois sofreu fora da porta. Foi torturado e executado por crucificação no lugar onde todos os criminosos que haviam cometido crimes capitais eram torturados e executados, não dentro do acampamento, mas fora dele. Ali estava Jesus entre os párias da terra, considerado um pagão indigno!

Talvez você esteja se perguntando: "Mas por que foi ou tinha de ser assim? Por que Jesus sofreu fora da porta?" A resposta a essa pergunta revela o caminho da pastoral, da espiritualidade e da missão. O texto responde com clareza: "para *santificar o povo*, pelo seu próprio sangue" (Hb 13:12).

É muito importante entender a trajetória e as geografias dessas ofertas. No processo de santificação, escolhia-se um animal sem mácula, o qual era sacrificado. Separava-se o sangue, que devia ser levado ao Santo dos Santos. Isso era feito exclusivamente pelo sacerdote. Tudo o que restasse do animal tinha de ser levado para fora do acampamento e lá ser queimado. Pronto; com isso, o ritual acabava. Sangue para um lado (Santo dos Santos) e todo o resto do corpo do animal para outro lado (fora do acampamento). O autor apropria-se dessa metáfora de "santificação" para aplicá-la a Jesus, o que é revelado na expressão "Por isso" ou "Assim": "Por isso [Assim], foi que também Jesus, para santificar o povo, pelo seu próprio sangue, *sofreu fora da porta*" (Hb 13:12).

Jesus sofreu fora da porta para santificar o povo. Isso é revolucionário, especialmente para nós hoje, que pensamos que, para nos santificarmos, o local adequado a esse fim é o templo da igreja, quando participamos das campanhas, vamos ao "encontro com Deus" e coisas do tipo. Para santificar as pessoas, nossos colegas de trabalho, vizinhos etc., é necessário estar fora da porta. Veja a direção que o autor de Hebreus nos convoca a ir: "*Saiamos*, pois, a ele, fora do arraial, levando o seu vitupério". Ou seja, vá ao encontro dele, desse Jesus, que sofreu fora da porta, e ali o encontre!

Forte, eu sei! O lugar (*lócus*) do exercício da santificação daquele que segue a Jesus é fora da porta. Pois ali, conforme entende Orlando Costas, Jesus inaugurou "um novo lugar de salvação". Definitivamente agora, em Jesus, a salvação mudou sua geografia do templo de Jerusalém e das mãos dos sacerdotes para ser depositada exclusiva e suficientemente em Jesus, o grande Sumo Sacerdote de Deus: "Tendo, pois, a Jesus, o Filho de Deus, como *grande sumo sacerdote* que penetrou os céus, conservemos firmes a nossa confissão" (Hb 4:14,15).

Se o todo da igreja for o que acontece dentro da porta, ela com certeza trairá seu Senhor, que morreu fora da porta. A igreja, peregrina que é, deve estar direcionada para o mundo. Isso nos autoriza a desprezar a igreja e suas assembleias públicas? Jamais! Significa que, "se o sal vier a ser insípido, como lhe restaurar o sabor? Para nada mais presta senão para, lançado fora, ser pisado pelos homens [...] Não se pode esconder a cidade edificada sobre um monte; nem se acende uma candeia para colocá-la debaixo do alqueire, mas no velador, e alumia a todos os que se encontram na casa" (Mt 5:13-15). O *lócus* do brilho da luz não é apenas dentro da igreja: "Assim brilhe também a vossa luz diante dos homens, para que vejam as vossas

180 Pastoral a caminho

boas obras e glorifiquem a vosso Pai que está nos céus" (Mt 5:16). Nunca devemos nos esquecer que somos a luz do mundo e o sal da terra! Mundo e terra são as arenas onde a santificação acontece.

Uma pastoral que não promova essa ação e não capacite nessa direção (para o mundo) é infiel. Essa pastoral trocou o "m" de missão pelo "m" de manutenção. Jesus não chamou seus pastores para manter a igreja, mas para ir na direção das pessoas, e alcançá-las onde estão: fora da porta! Igreja é *ek* + *klesia*, ou seja, os chamados de *dentro* para *fora*! Uma pastoral do caminho é aquela que está centrada em Cristo e em seu Reino, e direcionada ao mundo! Tal pastoral, além de ser *do* caminho, se dá também *no* caminho.

2. Uma pastoral-missional no caminho: formando Cristo e transformando o mundo

"O propósito da teologia pastoral é aplicar o evangelho para que homens e mulheres sejam capacitados a crescer em união com Deus pela transformação que conduz à semelhança a Cristo".[104] Van Engen afirma:

> O evangelho é missão na rua. Quando nos juntamos a Jesus como seus discípulos, ele nos pega pela mão e nos conduz para as cidades[105] e para os vales entre as pessoas, em busca compassiva de sua transformação.[106]

---

[104]Leonard, 1981, p. 21.

[105]Recomendo a leitura de minha tese de doutorado no Fuller Theological Seminary, em Pasadena, na Califórnia, cujo título em português é o livro *De cidade em cidade* (Editora Descoberta, 2002). Nesse livro, você encontrará a teologia da missão de Deus no ministério de Jesus, conforme apresentada no Evangelho de Lucas, quando passou pela Galileia, por Samaria-Judeia e por Jerusalém, bem como no ministério da comunidade nascente, registrada em Atos dos Apóstolos, a partir de Jerusalém, passando por Judeia-Samaria e até os confins da terra, em Roma.

[106]1996b, p. 6.

Que linda a visão de uma pastoral *no* caminho!

Paulo disse que seu objetivo era formar Cristo no nascido de novo, "meus filhos, por quem, de novo, sofro as dores de parto, até ser Cristo *formado* em vós" (Gl 4:19). A igreja é chamada para ser não apenas a extensão de Cristo, mas também a encarnação de Cristo no mundo. O discípulo de Cristo precisa tomar a forma de Cristo. Chamamos isso *discipulado cristomórfico*. Julio de Santa Ana afirma que é necessário desenvolver

> ... uma pastoral que busque conformar-se a Cristo e torná-lo visível entre os homens e as mulheres de nosso tempo, não devemos cuidar do nosso bem, mas da fidelidade Àquele em quem Deus se fez carne e morreu na cruz por quem ressuscita-nos dos mortos.[107]

Ao mesmo tempo, essa pastoral capacita ("equipa", Ef 4:12) para formar e transformar. A formação de Jesus em nós, consequentemente, leva à transformação do mundo. Nosso desafio é este: "não vos conformeis [...] mas transformai-vos" (Rm 12:2).

Isso implica uma pastoral que discerne o relacionamento entre Cristo e a cultura. Richard Niebuhr[108] sugere uma pastoral que visa formar o indivíduo para transformar o mundo, seguindo o exemplo e o modelo de Jesus. Para isso, Niebuhr fala de cinco relacionamentos entre Cristo e a cultura:

1. *Cristo contra a cultura*

A posição *Cristo contra a cultura*, segundo Niebuhr, conduz a uma lealdade a Cristo e à igreja que gera rejeição da cultura e da sociedade.

---

[107]1984, p. 35.
[108]1951.

As linhas divisórias entre a igreja e o mundo são visíveis porque a igreja é uma comunidade cuja existência julga o mundo. Para Niebuhr, essa posição é insuficiente por sua incapacidade de se livrar da cultura que a igreja condena.

2. *Cristo da cultura*

Para Niebuhr, essa posição revela a ausência de uma tensão necessária nesse relacionamento entre a igreja e o mundo. Jesus é a esperança da sociedade e do mundo. Ou seja, Niebuhr percebe que essa postura é insuficiente porque compromete nossa lealdade a Cristo em prol da cultura.

3. *Cristo acima da cultura*

A postura *Cristo acima da cultura* é sem dúvida a mais presente e dominante na história do relacionamento da igreja com o mundo. É a visão do celeste porvir.[109] Muito dessa visão se baseia na afirmação de Jesus a Pilatos — "o meu reino não é deste mundo" (Jo 18:36) —, cuja interpretação leva alguns a entender que a igreja também não deve se importar com esse mundo porque, para eles, ela não é deste mundo. Essa postura resultou em uma escatologia escapista, de fuga do "aqui e agora".

4. *Cristo em paradoxo com a cultura*

A ideia central dessa postura é que o cristão vive entre dois polos de um ímã, sendo a igreja o polo positivo e a cultura do mundo o polo negativo, um repelindo o outro por causa de suas forças magnéticas. Niebuhr fala desse conflito ao afirmar que "a graça está em Deus e o

---

[109]Recomendo a leitura de Antônio Gouvêa Mendonça, *O celeste porvir:* a inserção do protestantismo no Brasil, 3. ed., São Paulo: Editora EDUSP, 2008.

pecado está no homem".[110] Isso, segundo ele, gera uma visão dualista entre Cristo e a cultura.

5. *Cristo como o transformador da cultura*
De acordo com Niebuhr, essa postura é uma resposta à postura *Cristo acima da cultura*. De acordo com essa postura, toda a cultura está debaixo do julgamento de Deus, mas a cultura também está debaixo do governo soberano de Deus. Niebuhr afirma que "o cristão deve realizar o trabalho cultural em obediência ao Senhor".[111] Aqui a ideia é que somos chamados por Deus a buscar a transformação de tudo o que o pecado corrompeu. A percepção de Niebuhr é que a vida eterna começa no presente.

Uma pastoral no caminho não forma apenas para informar, mas essencialmente para transformar!

3. Uma pastoral-missional para o caminho: buscando todas as pessoas, mas prioritariamente, as da periferia da vida
"O sacerdócio deve ser exercitado na vida do mundo [...] O exercício deste sacerdócio não é realizado dentro das paredes da igreja mas *nos negócios diários do mundo*"[112].

Não confunda o *prioritariamente* da nossa terceira implicação da presença tabernacular da igreja no mundo com *preferencialmente*. Isso fica absolutamente claro na declaração missional que o próprio Jesus fez:

---

[110]1951, p. 151.

[111]1951, p. 191.

[112]Newbigin, 1989, p. 230 (grifo do autor deste livro).

184 Pastoral a caminho

> O Espírito do Senhor está sobre mim, pelo que me ungiu para
> evangelizar os *pobres*; enviou-me para proclamar libertação aos
> *cativos* e restauração da vista aos *cegos*, para pôr em liberdade os
> *oprimidos*, e apregoar o ano aceitável do Senhor (Lc 4:18,19).

Além desses personagens excluídos da sociedade nos tempos de Jesus
e que servem de tipo dos excluídos em nosso tempo, também outros
foram alcançados pelo evangelho da graça. Isso porque o caminho
de Jesus não exclui, mas inclui. O Reino de Deus alcança a todos,
independentemente de raça, cor, sexo, cultura etc. Contudo, não
podemos nos esquecer das pessoas mais vulneráveis da sociedade,
especialmente as que ainda vivem na periferia da vida e da sociedade,
pessoas que não têm acesso aos direitos básicos da vida nem têm as
necessidades mais fundamentais supridas. Orlando Costas fez uma
forte declaração ao afirmar:

> se a evangelização começa na periferia da sociedade, se funciona
> de baixo para cima, as boas-novas do Reino de Deus são vivida-
> mente demonstradas e anunciadas com credibilidade, como uma
> mensagem de amor libertador, justiça e paz.[113]

O profeta Zacarias exorta-nos a alimentar, em particular, "as pobres
ovelhas do rebanho": "Apascentai, pois, as ovelhas destinadas para
a matança, *as pobres ovelhas do rebanho*. Tomei para mim duas va-
ras: a uma chamei Graça, e à outra, União; e apascentei as ovelhas"
(Zc 11:7).

Uma pastoral *para* o caminho mantém a memória do primeiro
lócus missional da pastoral de Jesus: a Galileia periférica. Isaías havia

---

[113] 1989, p. 62.

Pautas para uma pastoral-missional **185**

profetizado que era para ali que Jesus seria enviado, não de modo qualquer, mas por vocação missional:

> Mas para a terra que estava aflita não continuará a obscuridade. Deus, nos primeiros tempos, tornou desprezível a terra de Zebulom e a terra de Naftali; mas, nos últimos, tornará glorioso o caminho do mar, além do Jordão, *Galileia dos gentios*. O povo que andava em trevas viu grande luz, e aos que viviam na região da sombra da morte, resplandeceu-lhes a luz (Is 9:1,2).

Essa oprimida Galileia, de gente gentílica, ou seja, que não pertencia ao povo de Deus, era um povo dominado pelas trevas e que vivia nessa região denominada "sombra da morte". Sinta o pulsar de Mateus ao narrar isso:

> Ouvindo, porém, Jesus que João fora preso, retirou-se para a *Galileia*; e, deixando Nazaré, foi morar em Cafarnaum, situada à beira-mar, nos confins de Zebulom e Naftali; para que se cumprisse o que fora dito por intermédio do profeta Isaías: Terra de Zebulom, terra de Naftali, caminho do mar, além do Jordão, *Galileia* dos gentios! O povo que jazia em trevas viu grande luz, e aos que viviam na região e sombra da morte resplandeceu-lhes a luz. Daí por diante, passou Jesus a pregar e a dizer: Arrependei-vos, porque está próximo o reino dos céus (Mt 4:12-17).

Quem, em sã consciência, quer ser missionário ou pastor em um lugar como esse? Jesus quis:

> Tendo-o encontrado, lhe disseram: Todos te buscam. Jesus, porém, lhes disse: Vamos a outros lugares, às povoações vizinhas, a fim de que eu pregue também ali, pois para isso é que eu vim. Então,

186 Pastoral a caminho

foi por toda a Galileia, pregando nas sinagogas deles e expelindo os demônios (Mc 1:37-39).

A imitação de Paulo, tanto da vida quanto do ministério de Jesus (1Co 4:16; 11:1; Fp 3:17), fez dele um homem sensível aos mais vulneráveis e aos pobres. O Concílio de Jerusalém fez-lhe uma recomendação específica: "recomendando-nos somente que *nos lembrássemos dos pobres*, o que também me esforcei por fazer" (Gl 2:10). De fato, é necessário esforço para nos lembrarmos dos pobres!

De Santa Ana diz:

> Definir a "pastoral" equivale a reconhecer que esta função da Igreja tem que se concretizar em meio aos conflitos da sociedade, que a luta frente aos poderes que se opõem a Cristo é inevitável [...] Por isso, a pastoral deve reconhecer sua relação com aqueles aspectos da vida humana onde há tensões, das quais as de caráter político são de suma importância. É ao povo seguidor de Jesus, formado por aqueles que hoje integram seu movimento (e que durante anos na Igreja Primitiva era conhecido como "Os do caminho"), que compete cumprir a função pastoral.[114]

Toda a narrativa do Êxodo e o ministério de Moisés representam um modelo de pastoral contextual. É um modelo porque seus quatro estágios (tratados nos caps. de 2 a 5) representam as quatro necessidades de cada ser humano quando se aproxima de Deus, quais sejam:

1. *Liberação do antigo estilo vida, da antiga identidade*
Paulo disse:

---

[114]1984, p. 38.

Ele vos deu vida, estando vós mortos nos vossos delitos e pecados, nos quais andastes outrora, segundo o curso deste mundo, segundo o príncipe da potestade do ar, do espírito que agora atua nos filhos da desobediência; entre os quais também todos nós andamos outrora, segundo as inclinações da nossa carne, fazendo a vontade da carne e dos pensamentos; e éramos, por natureza, filhos da ira, como também os demais (Ef 2:1-3).

2. *Uma aliança para um novo estilo de vida, para uma nova identidade*
Paulo também disse:

... naquele tempo, estáveis sem Cristo, separados da comunidade de Israel e estranhos às alianças da promessa, não tendo esperança e sem Deus no mundo [...] Assim, já não sois estrangeiros e peregrinos, mas concidadãos dos santos, e sois da família de Deus (Ef 2:12,19).

3. *Formar e modelar o caráter de Deus na pessoa, com novos princípios*
A Lei é a instrução para formar o caráter de Deus na pessoa recém-nascida. O grande desafio pastoral neste momento é preparar o povo para viver não como os gentios, na inutilidade de seus pensamentos, de modo que

... não mais andeis como também andam os gentios, na vaidade dos seus próprios pensamentos [...] no sentido de que, quanto ao trato passado, vos despojeis do velho homem, que se corrompe segundo as concupiscências do engano, e vos renoveis no espírito do vosso entendimento, e vos revistais do novo homem, criado segundo Deus, em justiça e retidão procedentes da verdade (Ef 4:17,22-24).

188 Pastoral a caminho

O recém-nascido deve viver "segundo é a verdade em Jesus" ("verdade" aqui significa "instrução").

4. *Tornar-se uma morada na qual Deus vive por seu Espírito*

Agora, o recém-nascido torna-se "um novo homem" (Ef 2:15), ou seja, uma nova humanidade, que passa a ser edificada "para habitação de Deus no Espírito" (Ef 2:22). Como já ressaltamos, uma habitação não estática, mas em um caminhar *em, com* e *para* Deus e sua glória!

Esses quatro estágios e necessidades podem ser vistos na tabela a seguir:

Tabela 4. Os quatro estágios da pastoral-missional de Moisés e suas implicações

Estágios pastorais	Transformação	Formação	Informação	Encarnação
O que é necessário	Libertação	Aliança	Lei	Presença
Delineia	A antiga identidade	A nova identidade	Novos princípios de vida	Novo modo de viver
Em perspectiva teológica	Contexto de escravidão	Nova experiência histórica	Novos pressupostos teológicos	Novas realidades
Em perspectiva missiológica	Redenção	Renovação	Revelação	Ressignificação

A práxis pastoral-missional de Moisés é tão semelhante à práxis pastoral-missional de Jesus e à da igreja primitiva, que isso nos leva a refletir se esse não é o modelo de pastoral proposto por Deus!

Como ficou explicitado na tabela 4 ("Os quatro estágios da pastoral-missional de Moisés e suas implicações"), a pastoral-missional de Moisés tem estes quatro estágios: "Transformação", "Formação",

"Informação" e "Encarnação". E esses estágios devem ser entendidos não como blocos separados, mas em interdependência uns com os outros, com cada estágio gerando o outro porque está conectado com o outro, como mostra o gráfico a seguir:

Gráfico 2. Círculo hermenêutico da pastoral-missional

REALIDADE
TRANSFORMADA

Para quê?

LIBERTAÇÃO

Onde e por que a missão acontece?

PRESENÇA

Como acontece? (a práxis)

Com quem acontece?

ALIANÇA

O quê? (conteúdo)

LEI

A seguir, demonstro como a práxis pastoral-missional de Jesus é similar à de Moisés.

PRIMEIRO ESTÁGIO:
LIBERTAÇÃO DAS TREVAS —
"O POVO QUE ANDAVA EM TREVAS VIU GRANDE LUZ"

Deus rompe seu silêncio de quatrocentos anos do Período Intertestamentário para trazer sua luz ao mundo por meio de Jesus. Assim como Deus começou o mundo trazendo luz sobre as trevas, assim também ele dissipa as trevas (obscuridade) com Jesus, que é a Luz do Mundo: "Eu sou a luz do mundo; quem me segue não andará nas trevas; pelo contrário, terá a luz da vida" (Jo 8:12); "Enquanto estou no mundo, sou a luz do mundo" (Jo 9:5).

Quando Deus, no princípio, criou os céus a terra, "havia *trevas* sobre a face do abismo" (Gn 1:2). Deus dissipa as trevas com um ato de poder: "Disse Deus: Haja luz; e houve luz. E viu Deus que a luz era boa; e fez separação entre a luz e as trevas" (Gn 1:3,4).

Em Jesus, novamente Deus evidencia seu amor ao mundo que estava em trevas: "Deus amou ao mundo de tal maneira que deu o seu Filho unigênito..." (Jo 3:16). Observe como a vinda de Jesus está relacionada ao povo que andava em trevas:

> ... para a terra que estava aflita não continuará a obscuridade. Deus, nos primeiros tempos, tornou desprezível a terra de Zebulom e a terra de Naftali; mas, nos últimos, tornará glorioso o caminho do mar, além do Jordão, Galileia dos gentios. *O povo que andava em trevas viu grande luz*, e aos que viviam na região da sombra da morte, resplandeceu-lhes a luz (Is 9:1,2).

> Ouvindo, porém, Jesus que João fora preso, retirou-se para a Galileia; e, deixando Nazaré, foi morar em Cafarnaum, situada à beira-mar, nos confins de Zebulom e Naftali; para que se cumprisse o que fora dito por intermédio do profeta Isaías: Terra de Zebulom, terra de Naftali, caminho do mar, além do Jordão, Galileia dos gentios! *O povo que jazia em trevas viu grande luz*, e aos que viviam na região e sombra da morte resplandeceu-lhes a luz. Daí por diante, passou Jesus a pregar e a dizer: Arrependei-vos, porque está próximo o reino dos céus (Mt 4:12-17).

Tu, menino [João Batista], serás chamado profeta do Altíssimo, porque precederás o Senhor, preparando-lhe os caminhos, para dar ao seu povo conhecimento da salvação, no redimi-lo dos seus pecados, graças à entranhável misericórdia de nosso Deus, pela qual nos visitará o sol nascente das alturas, *para alumiar os que jazem nas trevas e na sombra da morte,* e dirigir os nossos pés pelo caminho da paz. O menino crescia e se fortalecia em espírito. E viveu nos desertos até ao dia em que havia de manifestar-se a Israel (Lc 1:76-80).

O julgamento é este: que a luz veio ao mundo, e *os homens amaram mais as trevas do que a luz*; porque as suas obras eram más. Pois todo aquele que pratica o mal aborrece a luz e não se chega para a luz, a fim de não serem arguidas as suas obras. Quem pratica a verdade aproxima-se da luz, a fim de que as suas obras sejam manifestas, porque feitas em Deus (Jo 3:19-21).

SEGUNDO ESTÁGIO: NOVA ALIANÇA/PACTO — "JESUS, O MEDIADOR DE SUPERIOR ALIANÇA"

É nítida a relação de Jesus com Moisés, embora a mediação de Jesus seja "mais excelente" e "superior":

... assim como foi Moisés divinamente instruído, quando estava para construir o tabernáculo; pois diz ele: Vê que faças todas as coisas de acordo com o modelo que te foi mostrado no monte. Agora, com efeito, obteve Jesus ministério tanto *mais excelente*, quanto é ele também Mediador de *superior aliança* instituída com base em *superiores promessas* (Hb 8:5,6).

TERCEIRO ESTÁGIO:
A LEI NO CORAÇÃO E NA MENTE —
"POREI NO SEU CORAÇÃO AS MINHAS LEIS
E SOBRE A SUA MENTE AS INSCREVEREI"

Essa nova aliança, assim como a antiga, exige também obediência aos mandamentos de Jesus. Da boca de Nicodemos saiu uma informação irrefutável: "*Rabi*, sabemos que és *Mestre* vindo da parte de Deus" (Jo 3:2). Esse Rabi veio também para que se cumprisse esta palavra:

> Esta é a aliança que farei com eles, depois daqueles dias, diz o Senhor: *Porei no seu coração as minhas leis e sobre a sua mente as inscreverei*, acrescenta: Também de nenhum modo me lembrarei dos seus pecados e das suas iniquidades, para sempre. Ora, onde há remissão destes, já não há oferta pelo pecado (Hb 10:16-18).

Em Jesus, inaugura-se um novo mandamento com base no amor: "*Novo mandamento vos dou*: que vos ameis uns aos outros; assim como eu vos amei, que também vos ameis uns aos outros. Nisto conhecerão todos que sois meus discípulos: se tiverdes amor uns aos outros" (Jo 13:34,35). É novo mandamento porque Jesus é a base e a referência do amor: "O meu mandamento é este: que vos ameis uns aos outros, assim como eu vos amei" (Jo 15:12). Ele não exige algo que não tenha feito, nem requer de seus seguidores algo que não tenha cumprido em si mesmo. Por isso, tem autoridade para dizer: "Aquele que tem os meus mandamentos e os guarda, esse é o que me ama; e aquele que me ama será amado por meu Pai, e eu também o amarei e me manifestarei a ele" (Jo 14:21).

O novo discípulo de Jesus precisa ser ensinado "a guardar todas as coisas que vos tenho ordenado" (Mt 28:20).

QUARTO ESTÁGIO:
PRESENÇA-ENCARNAÇÃO —
"O VERBO SE FEZ *CARNE* E *HABITOU* ENTRE
NÓS [...] E EIS QUE *ESTOU CONVOSCO*"

Não existe encarnação sem presença, assim como não existe presença sem encarnação!

"No princípio era o Verbo, e o Verbo estava com Deus, e o Verbo era Deus. Ele estava no princípio com Deus [...] E o Verbo se fez *carne* e *habitou* entre nós, cheio de graça e de verdade, e *vimos* a sua glória, glória como do unigênito do Pai" (Jo 1:1,14). Assim como o Tabernáculo no Antigo Testamento torna Deus visível ao povo, assim Jesus nos torna visível o Deus que é Pai conosco, o Emanuel, sendo ele mesmo o Tabernáculo do Altíssimo, o "resplendor da glória e a expressão exata do seu Ser, sustentando todas as coisas pela palavra do seu poder" (Hb 1:3). Jesus tornou-se "ministro do santuário e do verdadeiro Tabernáculo que o Senhor erigiu, não o homem" (Hb 8:2). Por meio de Jesus, Deus promete erigir o derradeiro Tabernáculo, na Nova Jerusalém, onde o exilado João, "na ilha chamada Patmos" (Ap 1:9), diz que ouviu "grande voz vinda do trono, dizendo: Eis o *tabernáculo de Deus* com os homens. *Deus habitará* com eles. Eles serão povos de Deus, e Deus mesmo estará com eles" (Ap 21:3,4).

Muito emocionantes e consoladoras são também as últimas palavras de Jesus a seus discípulos: "eis que *estou convosco* todos os dias até à consumação do século" (Mt 28:20). O Deus revelado a Moisés como o Eu Sou e o Eu estou nos é revelado em Jesus, sendo tanto esse Eu Sou quanto esse Eu estou. Sua presença tabernacular nos é garantida por ele mesmo, eternamente, ou seja, "todos os dias até à consumação do século".

Observe, portanto, que a pastoral-missional de Moisés é cumprida e ressignificada por Jesus, porque somente ele é "digno de tanto

194 Pastoral a caminho

maior glória do que Moisés, quanto maior honra do que a casa tem aquele que a estabeleceu" (Hb 3:3). Cristo é mais! Cristo é maior! Cristo é tudo!

Tabela 5. Os quatro estágios da pastoral-missional de Jesus

Estágios pastorais	Transformação	Formação	Informação	Encarnação
MOISÉS				
O que é necessário	Libertação	Aliança	Lei	Presença
JESUS				
O que é necessário	Libertação das trevas	Nova aliança	Novos mandamentos	Verbo encarnado
Ambos buscam	Redenção	Renovação	Revelação	Ressignificação

Ao comparar Atos com o livro de Êxodo, observamos que ambos tratam de um começo, sendo Êxodo o começo do povo de Deus, e Atos o começo da comunidade de Jesus, sua igreja. Encontrarmos basicamente a mesma estrutura dos quatro estágios pastorais apresentados nesta reflexão, que são: libertação, Lei, aliança e Tabernáculo. Veja a tabela a seguir:

Tabela 6. Os quatro estágios da pastoral-missional
nos livros de Êxodo e Atos

ÊXODO	Libertação	Lei	Aliança	Tabernáculo
Funções da pastoral-missional	Proclamar e adorar	Ensinar	Servir	Comunhão
ATOS	Querigma e *proskuneo* ("adoração")	Didaquê	Diaconia	Koinonia

A igreja de hoje, assim como Israel, no passado, é "o recipiente do poder libertador de Deus, praticante da Lei de Deus, parceira na aliança contínua de Deus e hospedeira da impressionante presença de Deus".[115]

Orlando Costas, assim definiu a missão pastoral: "Dissemos que a ação pastoral *responde* a um *fenômeno maior*: *a missão de Deus*. Há, então, a necessidade de ver a teologia pastoral com uma ótica *missiológica*".[116]

Por que, na visão de Costas, é necessário "ver a teologia pastoral com uma ótica missiológica"? Ele mesmo responde:

> Sem missão não pode haver pastoral porque ela existe em virtude e em função da missão. Portanto, a fé bíblica apresenta Deus como um *Deus missionário que atua pastoralmente na história* (grifo do autor).[117]

Esse Deus, que atuou pastoralmente na história para libertar seu povo no Egito, é o mesmo Deus encarnado em Jesus Cristo, que hoje liberta pessoas que estão debaixo de todo tipo de escravidão e opressão. Deus continua agindo hoje pastoralmente na história por meio do mediador Jesus Cristo, que declarou: "assim como tu me enviaste ao mundo, também eu os enviei ao mundo" (Jo 17:18, veja tb. Jo 20:21). A igreja, como povo de Deus, já foi enviada ao mundo! A liderança pastoral existe a fim de equipar a igreja para que ela seja o que nasceu para ser: o povo missional de Deus para benefício do mundo! Qualquer outro propósito além desse é trair "Aquele que não poupou o seu próprio Filho, antes, por todos nós o entregou" (Rm 8:32).

Enchamos os pulmões e com confiança façamos coro com Davi, que fez esta profissão e confissão de fé publicamente: "Deus é meu libertador"!

---

[115]Brueggemann, 1994, p. 680.

[116]1975, p. 89 (grifo do autor deste livro).

[117]1975, p. 89.

196 Pastoral a caminho

> Eu sou pobre e necessitado, porém o SENHOR cuida de mim; tu és
> o meu amparo e o *meu libertador*; não te detenhas, ó Deus meu!
> (Sl 40:17)

> ... os que amam a tua salvação digam sempre: Deus seja magnifi-
> cado! Eu sou pobre e necessitado; ó Deus, apressa-te em valer-me,
> pois tu és o meu amparo e o *meu libertador*. SENHOR, não te de-
> tenhas! (Sl 70:4,5)

> Bendito seja o SENHOR, rocha minha, que me adestra as mãos para
> a batalha e os dedos, para a guerra; minha misericórdia e fortaleza
> minha, meu alto refúgio e *meu libertador*, meu escudo, aquele em
> quem confio e quem me submete o meu povo (Sl 144:1,2).

Temos um Deus-Pastor libertador. Portanto:

> Bendito seja o SENHOR que, dia a dia, leva o nosso fardo! Deus é
> a nossa salvação. O nosso *Deus é o Deus libertador*; com Deus, o
> SENHOR, está o escaparmos da morte (Sl 68:19,20; 2Sm 22:2).

Mas vem a hora, e já chegou, em que os verdadeiros pastores pastorearão o povo de Deus para cumprir sua missão no mundo;
porque são estes que o Pai procura para seus pastores! Porventura
você é um deles?

E, se sua resposta for *sim*, mantenha sempre diante de você que
"uma das tarefas mais importantes e fascinantes do ministério [pasto-
ral] é a de estimular o povo de Deus ao desempenho da *missio Dei*".[118]

---

[118]Barro; Kohl, 2006, p. 111.

REFERÊNCIAS CITADAS

ARIAS, Mortimer. El itinerario Protestante hacia una teologia de la liberación. *Vida y Pensamento*, Seminário Bíblico Latino-americano, San Jose, vol. 1, n. 8, p. 49-59, 1988.

_____. *Salvação hoje*: entre o cativeiro e a salvação. Petrópolis: Vozes, 1974.

BARCLAY, William. *The Ten Commandments for today*. New York: Harper & Row, 1973.

BARKER, Kenneth; KOHLENBERGER III, John R. *The expositor's Bible commentary*: Old & New Testament. Grand Rapids: Zondervan, 1994.

BARRO, Antonio Carlos; KOHL, Manfred W. O papel do pastor na transformação da sociedade. In: BARRO, Antonio Carlos; KOHL, Manfred W. *Ministério pastoral transformador*. Londrina: Descoberta, 2006.

BARTH, K. *Esbozo de dogmática*. Milão: Sal Terrae, 2000.

BLAUW, Johannes. *A natureza missionária da igreja*: exame da teologia bíblica de missão. 2. ed. São Paulo: ASTE, 2012.

BROWN, John. *A dictionary of the Bible*. Edinburgh: William Oliphant and Company, 1866.

BRUEGGEMANN, Walter. *The new interpreter's Bible*: introduction to the Pentateuch, Genesis, Exodus, Leviticus, Numbers, Deuteronomy. Nashville: Abingdon, 1994. vol. 1.

CARRIKER, C. Timóteo. *O caminho missionário de Deus*: uma teologia bíblica de missões. São Paulo: Sepal, 2000.

COMELIS, Houtman, *Exodus*. Kampen: Kok, 1993.

COOK, Guillermo. Pastoral y evangelización. *Pastoralia*, San José, Costa Rica, n. 8, ano 4, p. 5-15, 1982.

CORTÉS-GUTIERRÉZ, Rolando. *Educación teológica y acción pastoral em América Latina, hoy*. México: Iglesia Bautista Horeb, 1984.

COSTAS, Orlando. *Christ outside the gate:* mission beyond Christendom. Maryknoll: Orbis, 1982a.

_____. La misión del pueblo de Dios en la ciudad. *Boletín Teológico.* 7:85-96, México: Fraternidad Teológica Latinoamericana, 1982b.

_____. *El protestantismo en America Latina hoy:* ensayos del camino. San José, Costa Rica: INDEF, 1975.

_____. El CELEP y a la pastoral: uma nueva situación. *Pastoralia*, San José, Costa Rica, n. 12/13, ano 6, p. 1-11, 1984.

_____. *Liberating news*: a theology of contextual evangelization. Eugene: Wipf and Stock, 1989.

DAVIS, John James. *Moses and the Gods of Egypt.* Winona Lake: BMH, 1986.

DEISS, Lucien, C. S. *God's word and God's people.* Collegevile: The Liturgical Press, 1976.

DURHAM, John I. *Exodus.* Waco: Word Books, 1987. (World Biblical Commentary, 3.)

FILLBECK, David. *Social context and proclamation.* Pasadena: William Carey Library, 1985.

FREITHEIM, Terence E. *Exodus.* Louisville: John Knox, 1991.

GLANVILLE, Mark R. A missional reading of Deuteronomy. In: GOHEEN, Michael W., org. *Reading the Bible missionally.* Grand Rapids: Eerdmans, 2016.

GLASSER, Arthur F. *Kingdom and mission.* Pasadena: Fuller Seminary,1989.

GOHEEN, Michael W. *A igreja missional na Bíblia:* luz para as nações. São Paulo: Vida Nova, 2014.

HANSOM, Paul D. *The people called.* San Francisco: Harper & Row, 1986.

HICKS, John Mark. A sacramental journey: a Christian-theológical reading of Exodus. *Leaven*, v. 21, n. 2, art. 3, 2013. Disponível em: <http://digitalcommons.pepperdine.edu/leaven/vol21/iss2/3>. Acesso em: 13 jul. 2021.

HIEBERT, Paul G. *Anthropological insights for missionaries.* Grand Rapids: Baker, 1985.

HOCH, Lothar Carlos. O lugar da teologia prática como disciplina teológica. *Simpósio*, 8(36): 8-20, ano XXIII, ASTE, 1993.

HOUTMAN, Cornelis. *Exodus.* Kampen: Kok, 1993.

JORDAN, James B. *The law of the covenant:* an exposition of Exodus 21—23. Tyler: Institute for Christian Economics, 1984.

KAISER, Walter. Exodus 19:5. In: *Expositor's Bible commentary.* Grand Rapids: Zondervan, 1990. vol. 2. (Edição Eletrônica Zondervan.)

KNIGHT, George Angus Fulton. *Theology as narration:* a commentary on the book of Exodus. Grand Rapids: Eerdmans, 1977.

LEONARD, Graham. *God alive:* priorities in pastoral theology. London: Anchor, 1981.

MARTIN, William Stanley; MARSHALL, Alexander. *Tabernacle types and teachings.* London: Stanley Martin & Co., 1924.

MENDONÇA, Antônio Gouvêa. *O celeste porvir:* a inserção do Protestantismo no Brasil. 3. ed. São Paulo: Editora EDUSP, 2008.

NEWBIGIN, Lesslie. *The gospel in a pluralistic society.* Grand Rapids: Eerdmans, 1989.

NIEBUHR, H. Richard. *Christ and culture.* New York: Harper & Row, 1951.

PADILLA, C. René. *Missão integral:* ensaios sobre o reino e a igreja. São Paulo: FTL-B & Temática, 1992.

PEARCEY, Nancy. *Total truth:* liberating Christians from its cultural captivity. Wheaton: Crossway, 2004.

PIXLEY, Jorge V. *On Exodus:* a liberation perspective. Maryknoll: Orbis, 1987.

PLASTARAS, James, C. M. *The God of Exodus:* the theology of Exodus narratives. Milwaukee: Bruce, 1966.

PURVES, Andrew. *Reconstructing pastoral theology:* a Christological foundation. Louisville: Westminster/ John Knox, 2004.

RAD, Gerhard von. *Old Testament theology.* New York: Harper & Row, 1962, vol. 1.

SANTA ANA, Júlio. *Por las sendas del mundo:* caminando hacia el reino, (36): 21-39, ano XXIII, DEI, 1984. vol. 8.

SETERS, John Van. *The life of Moses:* the Yahwist as historian in Exodus-Numbers Louisville: Westminster/John Knox, 1994.

STOTT, John R. W. *God's book for God's people.* Downers Grove: Intervarsity, 1982.

TIDBALL, J. Derek. *Skillful shepherds:* an introduction to pastoral theology. Downers Grove: Interversity, 1986.

TOPEL, L. John, S. J. *The way to peace:* liberation through the Bible. Maryknoll: Orbis, 1979.

TWAIN, Mark. *Pudd'nhead Wilson.* Clayton: Prestwick, 2006.

VALLE, Roger Velasquez. La Biblia y la Palabra. *Boletín Teológico,* (17):18-31, Fraternidad Teológica Latinoamericana, 1985.

VAN ENGEN, Charles. *Biblical foundation of mission.* Pasadena: Fuller Theological Seminary, School of World Mission, 1996a. MT620, class syllabus.

_____. *The gospel story:* mission of, in, and on the way. Pasadena: Fuller Theological Seminary, 1996b.

WALZER, Michael. *Exodus and revolution.* New York: Basic Books, 1985.

WILDAVSKY, Aaron B. *The nursing father:* Moses as a political leader. Alabama: The University of Alabama Press, 1984.

ZABATIERO, Júlio Paulo Tavares. *Teologia pastoral em um mundo global urbano.* Londrina: Descoberta, 2016. vol. 1

ÍNDICE REMISSIVO

ad extra 59
ad intra 59, 86
aliança 31, 53, 81, 84, 101, 109, 110, 111, 126
  obedecer e guardar 83
  propósito 83
Arias, Mortimer 57, 164

Barclay, William 99, 102
Barth, Karl 92
bezerro de ouro 123, 124, 125
Blauw, Johannes 94
Brown, John 27, 28
Brueggemann, Walter 31, 35, 89, 119, 158

Carriker, Timóteo 44, 52, 57
celebração da libertação 73
círculo hermenêutico da pastoral-
  -missional 189
conflito de classes 25
Cook, Guillermo 174
Costas, Orlando 22, 83, 86, 88, 89, 174, 179, 184, 195
crises de Moisés
  autoridade pessoal 46
  identidade de Deus e do povo 43
  identidade pessoal 42
  inadequação-influência pessoal 48
  medo 49

Davis, John 100
Dez Mandamentos 72, 99, 101, 102, 103, 104, 109, 111, 113
dez pragas
  décima praga 65
  nona praga 65, 70
  oitava praga 65, 70
  primeira praga 64, 69
  quarta praga 64, 69
  quinta praga 69
  segunda praga 69
  sétima praga 64, 69
  sexta praga 64
  terceira praga 64

Egito 22, 23, 24, 25, 26, 27, 28, 30, 35, 37, 38, 40, 41, 42, 43, 44, 46, 50, 51, 52, 57, 58, 62, 64, 65, 66, 68, 70, 71, 72, 73, 81, 82, 83, 84, 107, 111, 112, 117, 118, 120, 122, 123, 124, 126, 127, 133, 145, 148, 154, 157, 158, 159, 160, 162, 168, 195
Estêvão 106, 157
Ezequiel (profeta) 22, 157

Fillbeck, David 25
Fracasso de Moisés 140
Freitheim, Terence 68, 82, 84, 87, 88, 94, 99, 106, 119, 123, 124, 125
Fuller Theological Seminary 38

Galileia periférica 184
Glasser, Arthur 93
Gutierrez-Cortes, Rolando 21

Hansom, Paul 110
Hicks, John 118, 125
Hiebert, Paul 23, 164
Horebe 38

injustiça 153
Israel de Deus 173

Jetro (Reuel) 38, 52, 83
Jordan, James 101, 109
José (filho de Jacó) 22, 24, 25, 26, 35, 146, 147, 157

Kaiser, Walter 89
Knight, George 51

Lei 31, 53, 81, 83, 95, 99, 100, 101, 102, 103, 104, 105, 109, 111, 113, 126, 132, 134, 170, 187, 194

Marshall, Alexander 119, 120
Martin, William Stanley 119, 120
Mendonça, Antônio Gouvêa 182

Midiã 37, 38, 39, 41, 52
Miqueias (profeta) 157
missão centrífuga 86
missão centrípeta 86
Moisés
  abuso de poder e da liderança 141
  autoadmiração e auto adoração
    143
  chamado 39
  fidelidade 132
  força por fé 144
  homem de Deus 148
  humildade 135
  nascimento 37
  oração 136
  realizador 139
  servo 134
  sucesso 132
  Zípora, esposa de 38

Nação Santa 90
Newbigin, Lesslie 174, 183
Niebuhr, Richard 181, 182, 183

obediência
  imperativo 82
  indicativo 82
opressão
  exploração 30
  genocídio 30
  selvageria 30

Páscoa 73, 133, 145
pastoral libertadora 22
pastoral-missional
  fiel à Palavra 170
  libertadora 160
  promove a presença da igreja no
    mundo 173
pastoral-missional *do* caminho 174
pastoral-missional *no* caminho 180
pastoral repetitiva e imitativa 22
pastor de rebanho é abominação 25
pastoral contextual 22
Paulo (apóstolo) 41, 61, 62, 92, 102,
    121, 132, 146, 153, 154, 171,
    175, 181, 186, 187
Pedro 85

Pixley, Jorge 29, 30, 35, 36, 39, 41,
    51, 82, 83, 93
Plastaras, James 81
poder e dominação 29
práxis pastoral-missional de Jesus
    189
profeta 138
propósito da Lei 100
propriedade peculiar 85
Purves, Andrew 21

Rad, Gerhard von 120
reino de sacerdotes 87
relacionamento entre Cristo e a
  cultura
  Cristo acima da cultura 182
  Cristo como transformador da
    cultura 183
  Cristo contra a cultura 181
  Cristo da cultura 182
  Cristo em paradoxo com a cultura
    182
René Padilla 175
Rute (a moabita) 22

Samuel (profeta) 156
Santa Ana, Júlio 181, 186
Seters, John Van 39
Stott, John 103

Tabernáculo 31, 53, 117, 119, 120,
    122, 123, 125, 126, 193
teofania 100, 119
Topel, John 57, 58
Twain, Mark 49

Van Engen, Charles 13, 38, 174, 175,
    180

Walzer, Michael 158
Wildavsky, Aaron 38, 51, 52, 142,
    143, 144, 145, 149

Yahweh 36, 63, 70, 74, 75, 82, 84, 88,
    93, 105, 125, 158

Zabatiero, Júlio Paulo Tavares 141
Zacarias (profeta) 184

Este livro foi impresso pela Exklusiva, em 2021,
para a Thomas Nelson Brasil. O papel do miolo é
pólen bold 90 g/m² e o da capa é cartão 250 g/m²